The Entanglement of
Philosophy and Education

교육과
철학의 얽힘

The Entanglement of
Philosophy and Education

교육과
철학의 얽힘

사상사의 흐름으로 이해하는 교육

이현정 지음

좋은땅

늘 나에게 세상을 낯설게 바라보도록 질문을 던져주신

정대현 교수님께 감사드립니다.

教育에서 철학이 갖는 의미는 무엇일까? 교육철학을 쓴다는 것은 어떤 의미여야 할까? 이 책을 쓰기 위한 작업에 앞서 자연스럽게 드는 생각이었다. 실재를 살아가는 아이들을 위한 교육은 그저 담론적인 형태에 그쳐서는 안 된다. 그럴듯해 보이는 것만으로는 어떠한 공명도 떨림도 나타낼 수 없기 때문이다. 반면 본질이 잊혀진 교육은 아이들에게나 교사에게 그저 해야만 하는 강압적인 측면에서 폭력으로 다가오게 할 것이다.

교육이 철학적 이론에 파묻히지 않고 그 가운데 아이와 교사라는 존재의 본질을 발견하게 하는 것. 부분으로 존재하던 그들로부터 교육을 전체적으로 다시 되돌아보게 하는 것. 해체시대라 불리는 지금의 시대에 교육은 오히려 근원적인 물음으로부터 시작되어야 할 것이며 전반적인 구조와 '다시-접속'시킴으로 새롭게 변화하는 시대에 조응할 수 있도록 해야 할 것이다.

이 책은 대학강단에서 예비교사들에게 교육론을 가르치며 교육론에 제시된 단순나열식 철학적 접근에 대한 회의에서 시작되었다. 교육학적 접근에서 철학은 교육사상가들을 중심으로 그들의 교육이론을 살펴보는 정도에 그치고 있었다. 철학은 이미 인간의 삶 전반에 복잡하게 얽혀 있다. 인간을 이해하기 위해서는 불가피하게 철학이 소환될 수밖에 없다. 교육도 마찬가지다. 교육과 철학은 서로 복잡하게 얽혀 있어 철학적 흐름에 대한 이해 없이는 지금의 교육을 이해하기란 매우 어렵다. 그러나 대부분의 교육철학은 교육과 철학이 종합적인 형태로 연결되어 있을 뿐, 서로가 서로에게 어떻게 침투되어 영향을 미치고 있는지 발견하기 어려웠다. 오히려 교육과 철학이 서로 다른 차원으로 괴리되어 다가오게 하였다.

서로 간의 이어짐과 연결됨, 얽힘이 이해되지 않은 상태에서 교육자에게 철학은 그저 또 하나의 이론이며 지식으로 다가오게 할 뿐이다. 교육과 철학이 분절된 이러한 접근은 교사들의 실재적인 교육적 삶에 울림 있는 앎으로 다가오기 어렵다.

기존 교육철학에서 나타나는 철학사적 흐름의 공백은 본질적으로 철학이 교육과 어떻게 얽혀 있는지 이해하기 어려웠다. 그러한 문제의식 속에 이 책의 1장은 교육과 교육철학에 대한 본질적인 물음으로부터 시작해 2장에서는 전반적인 사상적 흐름 속에 교육의 위치를 살펴보았다. 그리고 3장에서는 서양철학사를 통해 지금의 교육을 되돌아보았다. 이러한 과정은 그동안의 교육철학이 교육으로부터 철학으로 이어진 선이었다면, 지금의 작업은 철학으로부터 교육을 다시-접속시키는 작업이다.

사실상 철학사라는 것은 다양한 관점 속에 저자가 중요하다고 믿는 것에 관한 서술일 것이다. 그러다 보니 교육학자에 의해 쓰여진 교육철학은 교육적으로 의미 있다고 판단된 것에 대한 이론이었다. 이러한 접근은 예를 들어 구조주의에 대한 사상적 흐름이 부재한 채, 피아제를 그저 발달이론가로 이해하게 하였다. 따라서 3장에서는 교육철학에서는 소외되었으나, 철학사적으로 중요한 위치를 차지하고 있는 철학자들의 이론을 함께 살펴보았다. 그동안 교육철학에서 주류로 등장했던 사상가들과 더불어, 중세의 아우구스티누스, 근대의 데카르트와 칸트 그리고 헤겔, 현대의 하이데거 등, 그들의 사상과 동시대적 배경으로부터 교육을 다시 마주하고자 한다. 더 나아가 후기 현대사회로의 진입에서 해체주의 이론을 내세운 데리다와 최근 교육학에서 쟁점이 되는 있는 들뢰즈의 이론을 살펴보았으며, 마지막으로 해체로 인한 허무로부터 다시금 진리를 찾고자 하였던 바디우의 사상을 통해, 가장 최근의 교육철학적 관점까지도 살펴보고자 한다.

　그리고 마지막 4장은 동양철학사를 통해 동양철학이 지금의 교육에 던지는 의미를 간취하고자 하였다. 이러한 과정에서도 철학자들의 이론을 그대로 수집하여 나열하기보다, 사상 간의 상호관련성을 시대적 흐름을 통해 살펴보았다. 또한 사상가들의 이론이 점하는 위치로부터 시작하여, 그들의 이론이 현시대에 어떠한 영향을 미치는지 고찰하였다.

　이 책을 쓰기 위한 작업 이전에 저자가 경험한 것은 교육학자들의 철학에 대한 관심과 철학자들의 교육에 대한 관심이 상이하다는 것이었다. 어떻게 보면 서로 간의 무관심해 보일 수도 있는 상황과 마주하며, 이 책이 교사들에게 교육에 치우치거나 철학에 치우치지 않고 교육과 철학의 얽힘을 이해하는 통로가 되길 바란다.

2021년 여름
이현정

목차

3장 ✦ 서양철학의 흐름으로 살펴본 교육

4장 ✦ 동양철학의 흐름으로 살펴본 교육

1장

교육과
교육철학에 대한 이해

1. 교육이란

교육이라 하였을 때 우리는 흔히 학교 교육을 떠올리게 된다. 그러나 사실상 교육은 학교 교육의 의미를 넘어선다. 지금과 같은 학교라는 시스템이 생겨난 것은 세계적으로 불과 200여 년밖에 되지 않으며, 교육은 교육이라는 기표가 생겨나기 이전부터 이미 존재하고 있었다.

그렇다면 교육은 무엇인가? 그동안 교육은 에듀케이션(education) 혹은 페다고지(pedagogy)를 뜻하는 개념으로 이해되었다. 에듀케이션은 아이들 내부에 지닌 것을 외부로 끄집어내어 키워 주는 것을 의미하며, 페다고지는 아이들을 이끌거나 지도한다는 의미를 갖는다. 에듀케이션과 페다고지는 이처럼 개념적으로 차이를 갖지만, 아이들의 잠재된 능력을 바람직한 방향으로 발달시킨다는 차원에서는 유사하다. 그러한 관점에서 교육은 인간을 형성(形成)하고 조성(助成)하는 작용이었다.[1]

동양철학에서 교육이라는 말은 맹자에 의해 처음 등장한다. 맹자는 군자의 세 가지 즐거움[군자삼락(君子三樂)]에 대해 말하며 그중 교육하는 것을 세 번째 즐거움*이라 하였다. 이때의 교육은 가르치고 기른다는 의미로서 어떻게 살아가야 할 것인가에 대한 도덕적 자각을 일깨우

---

* 得天下英才 而教育之 三樂也.

는 과정이다.

이처럼 교육은 인간의 삶에서 중요한 의미를 지니며 인류의 시작과 함께 삶을 통해 끊임없이 생성되었다. 삶을 살아가기 위해서는 배워야 할 내용이 있었고, 가르쳐야 할 그 무엇이 있었다. 교육은 그렇게 삶의 필요에 의해 생겨났으며, 의식적이든 무의식적이든 인류의 시작과 함께한 것이다.

교육의 근본적인 이해를 위해서는 보다 근원이 되는 원시사회의 삶을 통해 살펴볼 필요가 있다. 현대사회를 살아가고 있는 지금의 우리는 이미 교육에 대한 이데올로기의 영향을 받고 있기 때문이다. 보다 근원적인 상태에서 생성된 교육은 교육의 본질을 이해하는 중요한 단초가 될 것이다.

원시사회 교육은 삶으로부터의 필요에 의해 생성되었다. 그 당시 사회는 씨족사회로 교육이라는 활동은 삶의 연장선에서 실재적이며 실용적인 측면에서 나타났다. 아이들은 성인과 함께 흙과 나무, 돌과 뼈 등을 이용해 생활에 필요한 용품을 만들었으며, 고기잡이, 사냥, 농사, 바느질 등의 생산 활동, 그리고 맹수와 다른 부족의 침입을 대항하기 위해 싸움을 배웠다.

중국의 유병례는 이런 원시사회의 교육적 활동을 양육, 호위로 범주화하여 3단계로 설명한다. 먼저 1단계는 '모방과 참여'의 과정으로, 자연을 통한 학습과 유희를 모방함으로 지식을 획득해 가는 과정이다. 다음으로 2단계는 '훈련'의 과정으로 생산을 위한 훈련이나 신체 및 군사

훈련, 그리고 도덕적 행위에 대한 훈련을 통해 배움을 얻는 과정이다. 마지막으로 3단계는 '성년식'으로 인내와 극기를 배우며 질서와 체제를 유지하기 위한 복종과 존경을 배우는 과정으로 구분된다.[2]

원시사회의 교육을 살펴보면 먼저 교육은 개인적 측면에서 일상적인 삶에 필요한 지식을 배우는 과정이라는 것이다. 이때의 교육적 방법은 모방과 관계를 통해 나타났다. 관계는 단지 인간 간의 관계를 넘어서며 자연을 통한 관계도 포함된다. 따라서 교육은 단순히 교사를 통한 배움이나, 교육과정을 통한 배움이기를 넘어 관계를 통해 나타났으며 자연이라는 세계 속에 자연스럽게 세상을 배우는 과정이었다.

앞서 교육이 아이들의 일상에서 나타나는 개인적인 측면에서의 자연스러운 배움이라면, 훈련과 성년식은 사회적인 측면에서 나타나는 인위적인 활동이라는 것을 알 수 있다. 교육은 일상적인 삶을 통해 자연스럽게 알게 되는 것도 있지만, 사회라는 공동체 속에 함께 살아가기 위해서 배워야 하는 것이 있었다. 생산을 위한 활동을 살펴보면, 교육은 개별적 아이들의 존재 발현을 넘어 생산적인 측면이 요구되었다. 지금의 제도권 교육은 결과론적인 측면에서 생산성에 그 의미가 치우치면서 아이들의 실제적인 삶의 의미를 간과하였다는 비판을 받는다. 그러나 그렇다고 생산성을 추구한 교육을 무조건 해체해야 하는 것은 아니다. 그러한 의미 역시 교육의 본질이기 때문이다.

또한, 교육은 국가적 차원으로 이해될 수 있는 공동체를 발전시키거나 유지하기 위한 과정으로 이해될 수 있다. 유발 하라리는 미래사회에 나타날 현상 중 통합된 세계를 언급한 바 있다. 국가별 경계는 세계화라는 현상으로 인해 희미해질 거라는 전망이었다. 그러나 이후 2020년 발생한 코로나19는 오히려 국가 간의 경계가 얼마나 뚜렷한지를 보여주었다.

이러한 교육적 접근에 대해 성년식과 연결하여 살펴본다면, 원시시대의 교육은 기존의 사회적 체제인 공동체를 유지하려는 방향으로 나타나고 있었다. 그러한 과정에서 요구되는 극기와 인내는 이미 포스트 구조주의의 영향을 받은 우리에게 거부감을 느끼게 할 수도 있다. 체제 유지를 위해 아이들에게 복종과 존중을 강제하는 교육이야말로 그 자체로 길들여짐의 과정이라는 비판에서 자유롭지 못할 것이다. 그러나 이러한 현상 자체도 교육의 본질임에는 거부할 수는 없다. 비판의 순간이 되는 그 지점 역시, 그 자체로 교육인 것이다.

푸코는 학교를 감옥에 비유하며, 지금의 교육은 '사회화의 과정'으로써 학교 교육은 아이들로 하여금 사회에 길들여 적응시키는 과정이었다고 비판한다. 그러나 학교가 아이들을 사회화시키고 있다는 비판 이전에, 교육의 본질 자체가 사회에 적응하기 위한 과정이라는 것을 기억해야 할 것이다.

교육을 비판적으로 바라보려는 시도는 교육이 변화되어야 하는 시점임을 깨닫게 하지만, 근원적인 이해가 부재한 비판은 본질 자체를 해체시켜 허무주의로 나아가게 할 우려가 있다.

그 때문에 단순히 현대적 관점에서 교육을 비판하는 것은 한계를 갖는다. 실천학문으로서 교육은 '그래서 어떻게 해야 하는가?'에 대한 실천적 고민이 있어야 한다. 교육이 현재와의 연속선상에서 어떻게 변화되어 왔으며, 그러한 과정에서 드러나는 차이들을 발견할 때 교육은 또다시 변화될 수 있다. 교육을 비판을 위한 비판으로 바라보기보다 과거, 현재, 미래라는 시간의 연속선상에서 생성적 존재로 바라볼 수 있어야 할 것이다.

2. 교육철학이란

좋은 교육이란 무엇인가?

어떻게 하면 교육을 잘 실천할 수 있을까?

사변적 특성을 가진 철학은 흔히 실천적 영역인 현실 세계와 구별되어 생각된다. 그러나 철학은 교육을 잘하기 위한 통로이다. 교육을 방법적인 측면에서 생각한다면 그때의 교육은 소비자의 관점에서 그저 주어진 지식을 잘 전수하는 과정이 될 것이다. 이러한 접근에서 교육은 시대적 변화와 요구에 둔감할 수밖에 없다. 잘 가르치는 교사는 기술적으로 탁월한 교사일 수는 있지만, 기술적으로 탁월한 교사를 좋은 교사라고 볼 수는 없다. 오히려 잘 가르치기 위해 애썼던 교사의 행위는 교육을 망치는 결과로 나타날 수 있기 때문이다.

그렇다면 좋은 교육과 그렇지 않은 교육은 무엇인가? 또한, 좋은 교사와 그렇지 않은 교사는 누구인가? 철학은 이러한 물음과 관련이 있다. 철학은 한마디로 정의될 수는 없지만 이러한 질문을 통해 인간의 삶에 대한 본질적인 물음을 갖게 하며 교육의 본질에 대해, 지식의 본질에 대해, 가치의 본질에 대해 탐구하게 한다. 이러한 과정에서 교사는 때로는 가르치지 않는 것이 잘 가르치는 것임을 깨닫게 되기도 한다.

철학은 교육을 잘하기 위한 학문이다. 한나 아렌트는 악의 평범성에 대해 말하면서 아무런 생각 없이 행하는 것을 악으로 보았다. 그냥 주어진 일을 기계처럼 한다면 어떤 사람이든 악으로 변질될 수 있다는 것이다.[3] 교육도 마찬가지이다. 마지막 순간까지 올바른 한글 사용을 위해 애썼던 이오덕 선생의 모습이 과거 일제 강점기 시절 초등학교 교사로서 어린 학생들의 한글사용을 억압하며 일본어를 강제하였던 자신에 대한 반성이었음을….

철학은 생각을 위한 것이다. 그때의 생각은 비판적이며 반성적 사유를 의미한다. 생각이 배재된 교육은 그저 습관에 따른 교육적 행위로 인해 변질될 우려가 있다. 지금까지 그래 왔으니, 다른 사람들도 그렇게 하고 있으니, 책에 그렇게 쓰여 있으니…. 본질적 사유가 부재한 교육은 그렇게 습관처럼 실천되어 나타날 수 있는 것이다.

그러므로 교육에 있어 철학은 매우 중요하다. 지금까지 당연하게 생각했던 관습과 편견으로부터 반성할 힘을 길러 준다. 더 나아가 이 순간의 의미를 넘어 역사성 속에 지금의 나를, 지금의 교육을 다시 바라보게 한다. 다른 사람들의 생각과 말을 들여다보는 과정은 우리에게 교육에 대한 통찰력을 얻게 하기 때문이다.

사실 이미 교육자로서 우리는 인식하고 있든 그렇지 않든 철학을 하고 있었다. 개인적인 측면에서는 더 좋은 교육을 하고자 하는 노력, 좋은 교사가 되기 위해 자신을 변화시키는 과정에서 철학을 하고 있었으며, 보편적인 측면에서는 참된 교육을 발견하고자 하였던 우리의 모습에 이미 철학이 나타나고 있었다.

그러나 교육철학은 '교육을 위한 교육'을 의미하지는 않는다. 교육에서의 철학은 교육 자체를 목적으로 삼지 않으며 오히려 교육으로부터 자유함을 얻어 '교육을 넘어 교육'을 바라보기 위한 시도이다.

철학은 인간의 삶과 세계의 다양한 사건들을 통해 전체적이면서도[*] 궁극적인 의미를 파악하게 함으로 보다 본질적인 의미에서 깊은 수준으로 천착해 들어가 의미를 발견하게 한다.[4] 이러한 과정을 통해 철학은 사변적이기를 그치고 변화를 일으킬 수 있는 계기가 되는 것이다.

일반적으로 교육철학은 철학과 교육을 연결시켜 철학을 교육적으로 의미 있게 재해석하려는 시도이거나, 철학적 탐구방법을 통해 교육적 의미를 직접 발견하려는 시도로 나타난다. 이 책은 전자의 경우처럼 교육과 철학을 연결시켜 교육적으로 의미 있는 철학적 이론들을 의미화하였으며, 철학적으로 의미 있는 이론을 교육과 재접속하는 과정에서 교육과 철학의 얽힘을 살펴보고자 하였다.

---

[*] 이때 전체적이라는 의미는 통합적이거나 결과론적이라는 의미는 아니다.

2장

사상사의 흐름으로
살펴본 교육

1. 이상주의(Idealism)와 교육

1) 이상주의에 대한 이해

'좋은 교육은 무엇인가?'라는 질문이 던져졌을 때, 저마다 좋은 교육에 대해 떠오르는 생각이 있을 것이다. 이러한 생각들이 관념이다. 가장 오래된 사조라고 볼 수 있는 이상주의를 통해 교육을 묻는다면 교육의 실체는 정신이나 관념에 있다고 할 것이다. 또한, 좋은 교육이라 하였을 때 '좋음' 역시 관념적으로 먼저 존재하는 것이며, 좋은 교육의 실천은 정신과 관념들을 깨닫게 하는 데 얼마나 도움이 되는가에 있을 것이다.

이러한 이상주의 사조는 서양철학의 전유물은 아니다. 이미 고대부터 동서양의 문화가 교류되고 있었고, 보편적인 정신이 있다고 믿는 사조는 동양의 철학에도 이미 나타나고 있었기 때문이다. 더 나아가 연도별로 살펴본다면 동양의 사조가 더 앞서 나타나고 있었기에 이상주의적 사조는 동양의 문화가 서구 문화로 유입되었다고 보는 것이 지배적이다.[5] 여기서 이상주의 사상의 시초가 동양인가, 서양인가에 대한 논의는 그리 중요하지 않다. 다만 관념론으로 이해될 수 있는 이상주의가 과거 동서양의 정신문화에 중심적인 역할을 하였으며, 이후 18-19세기 칸트, 피히테, 헤겔, 프뢰벨 등에게 영향을 준 지금도 유효한 사상이라는 것이다.

이상주의에서는 일반화된 지성과 의지로 표현될 수 있는 우주의 궁극적 실체가 있다고 보았다. 이때의 실체는 정신적이며 영적인 것을 의미한다. 소우주로서 인간은 본질적으로 영적인 존재이며 불멸하는 존재이다. 그러나 이러한 이해는 영적인 측면에 한해서이며 물질적인 측면에서 인간은 완전하다고 볼 수 없다. 인간의 병듦과 죽음은 이상주의자들이 보기에 영원하지도 완전하지도 않았다. 이는 인간을 넘어 물질적인 모든 것에 있어서도 마찬가지다. 완전성을 추구하던 이상주의자들에게 물질적인 것은 변화하는 것으로 불완전하며 영원한 것이 아니었다. 변화하는 것은 진리가 될 수 없기에 이러한 관점에서 물질적인 것은 이상주의에서 중요한 대상이 될 수 없었다.

플라톤의 『대화편』 「메논」을 살펴보면 '회상설'을 통해 교육이 이해될 수 있다. 회상설에 의하면 인간은 영적이며 불변하는 존재로서 태어남과 죽음을 반복한다. 이생과 전생의 삶을 경험한 인간에게 앎은 이미 내재된 것으로, 회상(재생)하는 과정에서 앎을 발견하게 된다는 것이다. 이처럼 이상주의에서 앎은 이미 인간 내면에 내재된 것이었다.

이러한 관점에서 교육은 인간의 내면에 잠재된 앎을 의식 밖으로 끄집어내는 과정으로 이해될 수 있다. 그러나 앎이 인간에게 이미 내재되어 있다고 해서 객관적 실체 자체가 인간의 의식 속에 속해 있는 것은 아니다. 객관적 실체는 그 자체로 완전한 존재로서 존재한다. 플라톤은 대응설을 통해 이러한 원리를 설명하는데, 참된 것을 알아가는 과정은 인간의 인식과 객관적 실재가 대응되어 일치하는 순간 나타난다. 즉 이데아(Idea)는 인간의 의식을 통해 발생하는 것이 아니라, 다만 인간의 이성에 의해 인식되는 것이다. 이때 이데아는 각각의 사물에 내재되어 있는 형식이며 실체이다. 이데아는 눈에 보이지 않는 것으로 사고(인간의 이성)를 통해 깨닫게 된다.[6]

그러나 완전성을 추구하려는 이상주의 관점에서처럼 과연 변하지 않는 형식이라는 것이 존재하는가. 그러한 형식이 존재한다고 하더라도 형식을 인식하는 것은 인간의 사고이기에 결국 완전성이라는 것은 인식의 차원으로 존재할 수밖에 없다는 것을 의미한다.[7] 이때 이상주의는 합리라는 질서 안에 세상을 이해하려는 과정에서 이원론적으로 물질세계가 갖는 의미를 대상화하였다는 한계를 갖는다.

2) 이상주의와 얽힌 교육

이상주의에서 인간은 그 자체로 객관적이며 보편적인 존재이다. 인간은 참된 본질을 인식할 수 있는 내재된 잠재력을 가진 존재로서, 이때의 앎의 과정은 감각이 아닌 이성적인 직관을 통해 끄집어내어 발견하게 되는 것이다.

따라서 교육은 인간의 내면에 이미 소유하고 있는 참된 본질인 진리를 발견하는 과정으로 이해될 수 있다. 그러나 이때 '발견'에 대한 개념을 보다 명확하게 이해할 필요가 있다. 발견이라는 의미는 생성과는 차이가 있다. 진리를 발견한다는 의미는 인간에 의해 진리가 생성된다는 의미가 아니라, 이미 진리는 존재하고 있고 인간은 다만 그러한 진리를 포착해 낼 수 있는 능력을 갖추고 있다는 것이다.

이상주의에서 세계는 그 자체로 완전하며 객관화된 상태로 존재한다. 분명 영적인 존재로서 인간에게도 완전성이 내재되어 있지만, 전체와 부분으로의 관계에서 인간은 소우주로 존재한다. 이때 교육은 아이들 내면에 이미 소유한 앎을 발견할 수 있도록 탐구하는 과정이어야 할 것이다. 객관적으로 존재하는 실재와 내면의 앎이 대응되었을 때, 아이들은 진리를 발견할 수 있게 될 것이다.

그러나 이미 알고 있다는 전제에서는 새로운 앎이 나타나기 어렵다. 앎은 자신의 무지를 자각함으로 나타나며, 교사는 아이들에게 새로운 지식을 가르쳐 주는 존재가 아니라 아이들에게 자신의 무지를 깨닫게 함으로 스스로 참된 지식을 발견할 수 있도록 도와주는 역할을 해야 한다. 산모의 출산을 도와주는 산파처럼 교육은 교사에 의해 전개되는 것이 아니라 학습자 내면의 앎으로부터 가능한 것이다.

이를 위한 방법으로 소크라테스는 '질문하기'를 말하고 있다. 이때의 질문은 통상적인 질문과는 구별된다. 통상적인 질문은 단순한 사실적 지식이나 어떠한 정보를 얻고자 할 때 제기된다. 이미 자신이 무언가 모르고 있음을 인식한 상태에서 스스로 필요한 정보를 얻고자 하는 질문인 것이다. 그러나 소크라테스의 질문은 '사고에 관한 질문'을 의미한다. 답을 얻기 위해 수단화된 질문이 아니라, 질문 자체가 목적으로써 질문에 의미가 있는 것이다. 이러한 질문은 단순히 정보를 얻음으로 해소될 수 없으면 자기 자신이 설득되고 납득되었을 때 비로소 해소된다. 사고는 마음이 자신과 나누는 대화이다. 플라톤은 인간은 자신에게 질문하고 스스로 대답을 찾는 과정에서 사고하게 된다고 보았다.[8]

현재의 교육은 정해진 교육과정에 따라, 백과사전적인 지식을 가르침을 통해 배워 가는 과정으로 전개된다. 지식은 객관화된 진리로서 교육은 당연하다고 여겨지는 것을 배우고 익히는 과정인 것이다. 이때 교육적 상황에서 나타나는 질문은 이미 답이 정해진 질문으로서, 사고를 위한 질문이라고 보기 어렵다. 이 때문에 교육은 지식을 더 많이 소유하고 있는 교사가 자신의 지식을 학생들에게 전달하는 과정으로 진행될 수 있었다.

흔히 이상주의 관점에서 교육은 국가 수준의 교육과정처럼 로고스적으로 이상적인 무언가를 상정한 뒤, 위계적인 질서 안에서 교육이 실천되는 것으로 이해된다. 그러나 이러한 이해는 이상주의에 대한 오인된 이해로서 근대 이후, 현대로 넘어오면서 재해석된 이해이다.

이상주의에서 인간은 자기 내면에 보편적인 진리가 이미 내재되어 있다고 보았다. 앎은 자기반성, 자아 성찰을 통해 발견하게 되는 것이다. 이러한 관점에서 근대 이상주의자였던 프뢰벨은 자기활동의 원리를 강조하며 교육은 아이들이 자기활동을 할 수 있도록 적극적으로 자극해 주는 과정으로 이해하였다. 프뢰벨에게 성장은 그 자체로 소우주로 존재하는 아이들의 내적인 성장으로부터 시작하여 외적인 성장으로 확산

되는 과정이다.

그러나 이러한 이상주의 교육관에도 한계는 있다. 세계를 물질과 정신으로 구분하여 정신을 중심으로 세상을 이해하는 과정은 실천적인 측면보다는 이론적인 측면에 치우쳐 교육이 전개될 수 있기 때문이다. 또한 물질적인 차원에서 느끼게 되는 아이들의 감각 경험의 중요성이 의미화되기 어렵다는 한계를 갖는다.

2. 실재주의(Realism)와 교육

1) 실재주의에 대한 이해

실재주의는 이상주의와 더불어 철학사에 오랫동안 이어져 온 사조이다. 실재주의에 의하면 물질세계는 인간의 의식과 별도로 독립적인 원리(Principle of independence)를 갖고 존재한다. 실재주의에서 사물의 본질은 이미 물질에 내재되어 있으며, 그 자체의 법칙을 갖는다. 이러한 이해는 인간의 의식과 지식을 통해 구성된 앎으로써 세상을 이해하려는 근·현대적 관점과의 차이이기도 하다.

실재주의의 특징은 이상주의에서도 나타나듯 우주를 객관적이며 완전한 존재로 바라보았다는 것에 있다. 객관적인 실체로서 영원하고 불변한 진리가 존재한다는 것이다. 이러한 관점에서 진리는 '대응이론(correspondence theory)'에서 의미하듯 인간의 이성과 객관화된 실제적 지식이 일치되는 시점에서 존재의미가 나타난다. 그러나 실재주의와 이상주의의 차이는 사물의 실체성을 부정하고자 한 이상주의와는 달리 실재주의에서 사물은 실제*로서 의미를 갖는다고 보았다.

---

* 　실재(實在)와 실제(實際)의 차이는 실재는 '있음', 즉 현실적으로 존재하는 것을 의미하며, 실제는 사실이 그러한 것으로 본질적 차원에서의 궁극적 의미로서의 사실을 의미한다.

앞서 이상주의는 소크라테스와 플라톤의 이론을 통해 전개되었다면, 실재주의는 아리스토텔레스의 이론을 통해 발전해 나아갔으며 이후 코메니우스와 로크, 러셀 등의 사상에 영향을 미친다.

실재주의는 합리적 실재주의와 자연·과학적 실재주의로 구분되며, 합리적 실재주의의 대표적인 철학자로는 아리스토텔레스와 토마스 아퀴나스가 있다. 실재주의에서 물질세계는 인간의 정신세계와 분리되어 독립적인 실체로 존재한다고 보았다. 이때 아리스토텔레스의 경우 수학적인 측면에서 세계를 이해하고자 하였다면, 토마스 아퀴나스는 신이 창조한 세상으로서 종교적인 측면에서 세계를 이해하고자 하였다. 근대 이후 자연·과학적 실재주의자들은 대표적으로 러셀과 산타야나가 있다. 이들은 과학의 객관성을 통해 세계를 이해하고자 하였으며, 회의적이며 경험적인 측면에서 자연 세계의 객관적 속성을 밝혀내고자 하였다.[9]

실재주의는 관객이론(spectator theory)을 통해 이해될 수 있는데, 사물에는 이미 보편적인 특성이 내재되어 있으므로 인간의 이성과 감각적인 경험을 통해 이해가 가능하다고 본 것이다. 인간은 관객처럼 실재를 관찰함으로 세계를 이해할 수 있다. 인간의 감각적 경험은 사물의 특성을 발견하게 하며, 이성을 통해 체계적으로 분류하고 정리하는 과정에서 기본적인 개념들을 형성할 수 있게 된다는 것이다.

실재주의에서는 합리적이며 객관화된 지식(진리)을 발견함으로 행복한 삶을 영위할 수 있다고 보았다. 고전적 실재주의자인 아리스토텔레스에게 최고 좋음은 행복을 의미한다. 이때의 행복은 쾌락과는 구별된다. 쾌락은 직접 바라거나 추구하는 것이 아니라 우연히 개입되어 부수적으로 얻게 되는 향유이기 때문이다. 아리스토텔레스에게 행복은 인간의 활동이 실현시킨 성과로서 자기 고유의 존재 방식대로 인간 고유의 자기 삶을 실현할 때 나타난다. 예를 들어 눈을 통해 세상을 바라볼 수 있는 것이 행복이며, 두 발로 걸어 다닐 수 있는 것이 행복이다. 이때 중요한 것은 단순히 볼 수 있는 눈과 걸을 수 있는 두 발이 존재하기 때문에 행복한 것이 아니라, 눈으로 세상을 바라본다는 것과 두 발로 걷고 있다는 것에 있다. 즉 실현됨에 의미가 있는 것이다.[10]

실재주의자였던 아리스토텔레스는 과학적인 방법*을 통해 증명된 것을 지식으로 받아들이고자 하였는데, 이렇게 획득한 지식을 통해 인간은 합리적인 삶을 살아갈 수 있다고 보았다. 이러한 실재주의적 관점에서 교육은 단순히 지식을 습득하는 것이 목적이기보다 지식을 통해 합리적인 삶으로서 '좋은 삶을 영위하는 것(living the good life)'에 있다.

이러한 이해는 교육과 삶을 연결시켰다는 것에서 의미를 갖지만, 경험을 중요시하였던 실재주의조차 로고스적 관점에서 세상을 이해하였다는 한계를 갖는다.

---

* 이 시기 과학은 자연과학을 의미한다.

2) 실재주의와 얽힌 교육

실재주의에서 교육은 아이들로 하여금 자신에게 잠재된 고유성을 발견하여, 그 고유함을 실현시키는 것에 있다. 이때 비로소 행복한 삶이 가능하다고 본 것이다. 이러한 삶은 쾌락적인 것을 추구하는 삶보다 우월하며, 생산에 의해 지배되는 삶보다도 우월하다. 이때 교육은 지식을 습득하기 위한 과정이기를 넘어 자신의 잠재력을 발견하는 것에 의미를 두어야 하며, 더 나아가 발견한 잠재력을 실현시킴으로 교육을 통해 행복한 삶을 누릴 수 있도록 해야 할 것이다.

그러나 각각의 아이들은 내재된 잠재력이 다르다. 그러한 잠재력이 갖는 차이는 무엇이 더 뛰어나다고 볼 수 없다. 객관적인 존재로서 인간 역시 세계와 더불어 신성한 존재이기 때문이다. 따라서 교육은 자기 내면의 최상의 것을 발견하는 것에 있다. 이러한 과정은 다른 누군가와 비교됨으로 혹은 누군가에 의해 정해진 것으로써 특징지어질 수 없다. 아리스토텔레스는 "우리 자신의 삶이 아니라 다른 누군가의 삶을 선택하는 것은 어리석다"고 보았다.[11] 따라서 교육은 아이들로 하여금 자신의 삶을 스스로 살아갈 수 있도록 해야 할 것이며, 이때 자기 내면으로부터의 잠재력을 끄집어낼 수 있도록 해야 할 것이다.

그러나 인간의 행동을 통해 얻은 결과는 관계에 따라 다르게 나타난다는 한계를 갖는다. 따라서 실재주의자들은 인간의 주관적인 측면보다 외적인 객관적 기준을 평가의 대상으로 삼는다.

다음으로 실재주의에서 교육은 중용(中庸)의 덕(德)을 통해 탁월한 삶을 영위하는 것에 있다. 지금의 교육은 이분법적인 접근에서 대립적인 관계 속에 인간을 이해하려는 경향이 있다. 순종적인 아이와 반항적인 아이, 적극적인 아이와 소극적인 아이, 용기 있는 아이와 겁이 많은 아이 등, 한쪽은 긍정적인 측면에서 다른 한쪽은 부정적인 측면에서 평가되는 경우를 흔히 살펴볼 수 있다. 그러나 탁월함이라는 것은 어느 한쪽으로 치우치는 것이 아니라 두 가지 대립하는 성향 사이로부터 가능하다. 교사나 어른에게 너무 순종적이기만 한 아이가 아니라, 순종적이면서도 때로는 자신의 주장을 반항적으로 드러낼 수 있어야 탁월한 아이들로 자랄 수 있다.

실재주의 관점에서 교육을 위한 방법은 아이들이 세상을 직접 탐구하고 관찰하며 스스로 생각할 수 있도록 하는 것에 있다. 이를 위해 과학적인 방법이 요구되며 사실적인 접근으로 교육은 진행되어야 할 것이다. 교육의 목적은 많은 양의 지식을 전달하기보다는 지성의 계발을 통해 스스로 지각할 수 있는 능력을 길러 주는 것에 있으며, 아이들로 하여금 자기실현을 가능하도록 하는 데 있다.

실재주의에서 인간은 각각의 고유한 역할과 기능을 가진 존재이다. 이러한 역할과 기능은 단순히 인간만을 의미하는 것은 아니다. 학교 역시 사회적으로 고유한 역할과 기능이 있다. 따라서 교육기관으로서 학교는 학교본위의 목적과 역할을 발견함으로 존재의미를 실현시켜야 할 것이다.

반면 실재주의적 관점에서 교육은 학교라는 집단 교육현장에서 각각의 아이들의 개별적 잠재력을 어떻게 끄집어낼 수 있을까에 관한 물음을 갖게 한다. 또한, 현대철학적 관점에서 자아는 타자에 의해 영향받는 존재이기에 자아를 중심으로 교육을 이해하고자 하였을 때, 자아에 내재된 타자성이 갖는 의미가 이해되기 어렵다. 자신의 고유한 역할과 기능이라는 것조차 타자와 연결된 존재로서 그 의미가 발견되기 때문이다.

3. 자연주의(Naturalism)와 교육

1) 자연주의에 대한 이해

자연주의에 대해서는 사실상 일의적인 측면으로 개념화하기 어렵다.[*] 현대철학으로 연결되면서 다양한 사상가들이 자신을 자연주의 사상가라 소개하고 있기 때문이다. 이 챕터에서는 자연주의에 대해 전통적인 측면에서 살펴보고자 한다.

자연주의는 인간존재와 더불어 모든 실체가 갖는 본질적 의미를 자연적 측면에서 바라보고자 한 관점이다. 실체에 대한 이해의 대상인 자연을 자연적인 과정을 통해 이해하고자 한 것이다. 자연주의 사상가로는 고대 그리스로 거슬러 올라가 탈레스와 헤라클레이토스, 데모크리토스 등이 있다. 그들은 실재하는 것의 의미를 초자연적인 측면에서 바라보기보다 물질적인 차원에서 이해하고자 한 사상가들이다.[12] 이처럼 자연주의를 통해 세상을 이해하려는 시도는 이미 고대부터 나타나고 있었다. 그러나 자연주의를 하나의 이론으로 체계화한 사상가는 루소와 페스탈로치이다.

---

[*] 물론 다른 사상들도 마찬가지이다.

자연주의는 인간을 포함해 존재하는 모든 것을 물리적인 시간과 공간 내에 존재한다고 보았다.[13] 특별히 루소는 세계에 대한 이해와 더불어 인간의 본성을 자연적인 질서체계를 통해 이해하고자 하였으며, 지식의 근본이 되는 감각을 통해 실제에 대한 이해가 가능하다고 보았다.

자연주의는 앞서 이상주의와 실재주의와는 달리 초자연적인 존재를 부정한다. 이상주의와 실재주의에서는 인간의 감각으로 이해될 수 없는 객관적이며 완전한 존재가 있다고 보았다. 이때 지식은 그러한 객관적 실체와 인간의 이성이 대응함으로 나타나는 것이다. 반면 자연주의에서 지식은 감각을 통해서 가능하며 자연적 지식을 자연적인 방법을 통해 발견할 수 있다고 보았다.

자연주의에서 자연이 갖는 의미는 자연적인 물질세계라는 의미를 넘어서며 보편적인 것으로서 우주적인 질서를 내포한다. 전통적인 관점에서 자연주의는 선천적(a priori)인 원천으로부터 도출된 보편적이고 규범적인 힘을 의미하는 것이다.

후기 현대의 자연주의는 전통적인 자연주의로부터 규범성을 제거하여 자연성의 의미를 순수한 자연적인 개념으로 환원하려는 시도들로 나타난다.[14] 이러한 측면에서 자연주의는 정당화나 합리적인 물음으로부터 벗어나 물리적인 세계를 향한 인과 사슬로서 설명되고 있다.[15]

그러나 전통적인 관점에서 자연주의자들은 "정당화된 옳은 것에 대한 믿음(justified true belief)"을 갖고 있었다. 정당화가 의미하듯, 본질적이며 규범적인 측면에서 자연주의를 이해한 것이다. 흔히 자연주의라

교육과 철학의 얽힘

고 하였을 때는 원초적이며 원시적인 상태를 의미하는 것 같지만 전통적인 측면에서 자연주의는 본질을 발견하기 위한 사상의 토대였다.[16]

전통적인 측면에서 자연주의자들은 시대적인 영향으로 인해 형이상학적인 측면보다는 사회학적인 현상에 관심을 두었으며, 프랑스 혁명으로 드러난 낡은 정치체제의 문제에 대해서도 자연주의를 통해 극복하려는 시도로 나타났다. 더 나아가 뉴턴이 보여 준 과학적 성과와 계몽주의 시대적 상황은 인간에 대한 낙관주의적 사고방식과 더불어 인간의 이성을 자연의 법칙으로 이해하게 하였다. 이러한 과정에서 인간은 자연의 질서와 조화가 내재된 존재라는 인간관이 나타나게 된 것이다.

그러나 이러한 전통적인 자연주의가 갖는 한계는 자연적 존재로서 인간의 완전성을 여전히 합리화하고 있다는 것이다. 감각적 경험을 중요시하였던 자연주의자들 역시 여전히 합리적 이성을 절대화하여 세상을 바라보았다는 한계를 갖는다.

2) 자연주의와 얽힌 교육

자연주의 교육은 '자연'과 '자연적'이라는 개념을 통해 이해될 수 있다. 먼저 '자연'은 시간과 공간적인 차원에서 인간 경험의 원천이다. 자연에서의 감각적 경험을 통해 아이들은 실제의 구성요소를 인식하고 분석하는 과정에서 지식을 발견할 수 있다고 보았다. 자연주의자들은 초자연적인 교육, 종교적 교육, 고전 교육과 언어를 중심으로 한 교육에 대해 비판하며 자연의 교육을 중요시하였다. 더 나아가 이러한 자연의 법칙은 사회와 경제, 그리고 정치적인 영역에서도 적용될 수 있다고 보았다.

다음으로 '자연적'이라는 의미는 인간 본성에 따른 교육을 의미한다. 페스탈로치는 인간은 감각적 지각을 가진 존재로서 직관(Anschauug)을 통해 스스로 사물의 고유한 개념을 발견해 낼 수 있다고 보았다. 따라서 자연주의자들은 실물학습과 같이 구체적이며 직접적인 교육을 통해 아이들의 감각적 경험을 활용할 수 있도록 하였다. 이때 인간의 자연적 본능은 억압해야 하는 대상이 아니며 본능과 충동을 표출하는 과정에서 교육은 자연스럽게 실천될 수 있다고 보았다.[17]

전통주의적 자연주의에서 말하는 본능은 인간의 이기심을 의미하는 것은 아니다. 루소는 자연적 존재로서 인간은 자애심을 바탕으로 자연적인 감각에서 비롯된 자아감을 표출시킨다고 보았다. 이때 자아감은 자연적 존재인 아이들의 자연적인 감각으로부터 비롯된 행동을 의미한다. 이는 다른 사람에 의해 인위적으로 변질되지 않은 선(goodness)으로 존재하는 상태로서의 본능인 것이다.

따라서 교육은 선(goodness)으로 존재하는 아이들의 본능적인 성향과 충동에 따라야 하며, 교육내용과 방법에 대해서도 아이들이 스스로 발견할 수 있도록 해야 한다. 교육은 아이들과 세상의 직접적인 상호작용을 통해 진행되어야 하는 것이다.

지금의 교육은 흔히 사회화의 과정이라 이해될 수 있다. 그러나 자연주의적 측면에서 사회화는 인간의 본성을 거스르며 틀에 박힌 사람으로 만들게 한다. 따라서 교육은 먼저 자연으로 존재하는 아이들 각각의 존재에 따라 적용되어야 할 것이다. 이는 교육하지 않는 것이 아니라 아이들이 자연적으로 준비될 때까지 기다려야 한다는 것을 의미한다.

이러한 기다림은 발달 단계에 맞는 교육을 위한 기다림을 의미하는 것은 아니다. 그 당시 기다림은 아이들로 하여금 일찍이 성인에게 요구되는 강제된 교육을 시키지 않으려는 의도였다. 즉, 과학적으로 이미 정해져 버린 발달 단계의 기다림이 아니라, 자연적 존재인 아이들이 자연적으로 성장할 수 있는 때까지 기다리라는 의미가 더 크다.

다시 말해 자연주의 교육은 교육하지 말라는 의미가 아니라 아이들의 때가 될 때까지 기다리는 과정이 요구되며, 그때의 교육은 자연의 원리를 발견함으로 세상에 대한 원리를 이해할 수 있도록 하는 것에 있다.

교육에 있어 자연주의자들이 강조하는 것은 인간의 자연적 욕구와 준비성이다. 따라서 교육은 아이들의 자연적 욕구를 근본으로 먼저는 욕구를 갖게 하는 것을 교육의 근본으로 삼아야 하며, 이후 아이들이 배우고 싶어 하는 것을 자연스럽게 배울 수 있도록 해야 한다. 이처럼 자연주의는 인간의 자발적인 학습의 중요성을 강조하고 있으며, 교사 역시 자연과 조화를 이룰 수 있는 능력을 갖춰야 한다고 보았다.

교사는 자연을 교육을 위한 도구로 삼는 것이 아니라 자연적인 힘으로부터 원리를 발견하여 아이들이 조화롭게 성장할 수 있도록 아이들의 본성을 이해하고, 아이들이 가지고 있는 능력을 잘 표출할 수 있도록 기다려 주며, 때로는 스스로 발견할 수 있도록 자극하는 사람이어야 할 것이다. 또한, 학교라는 공간은 자연과 분리된 공간으로 존재하는 것이 아니라 아이들이 사는 세계와 연장된 공간으로서 전체적인 맥락 속에 존재해야 할 것이다.

반면 자연주의 사상이 갖는 교육적 한계는 현대사회의 공교육화된 시스템을 통해 자연주의에 따른 교육이 얼마만큼 실현 가능한가에 대한 물음을 갖게 한다. 지금의 교육은 정해진 교육과정이 아니더라도 하나로 중심화된 형태로 교육이 획일적으로 진행되고 있기에 개별적 존재로서 아이들이 자신의 자연성을 드러내기에는 한계를 갖는다. 또한, 교실이라는 분리된 공간은 이미 자연성과는 거리가 있는 인위적인 공간이며 자연물을 교실에 배치하거나 바깥 활동을 통해 자연과 상호작용할 수 있게 하더라도, 자연이 본질적으로 자신을 드러낼 수 있는 환경적 요인으로 작동되기 어렵다. 최근 교육은 대안교육의 형태로 교실공간으로부터 벗어나 숲에서 실천되는 교육이 유럽을 중심으로 시도되고 있다. 그러나 숲에서의 교육은 현실적인 차원에서 보편화된 교육으로 작동되기에는 한계를 갖는다.

4. 실용주의(Pragmatism)와 교육

1) 실용주의에 대한 이해

앞서 이상주의나 실재주의, 그리고 자연주의는 고대 그리스 철학으로부터 그 기원을 살펴볼 수 있었다면, 프래그머티즘으로 불리는 실용주의는 19세기 후반 아메리카 대륙인 미국으로부터 그 기원을 찾을 수 있다. 전통적인 관점에서 진리는 선험적인 것으로 인간의 경험과 독립적인 관계 속에 존재한다고 보았다면, 실용주의에서는 인과론적인 측면에서 대상이 현실에 어떠한 효과를 나타내는가에 대한 실제를 고찰하는 것에 의미를 두었다.

이러한 측면은 인간의 자연성을 통해 진리를 발견하고자 하였던 자연주의와 구별되는 시점이기도 하다. 전통적인 관점에서 자연주의는 객관적으로 존재하는 자연을 자연적인 방법을 통해 이해할 수 있다고 보았다면, 실용주의는 세계를 대상화하여 실험적인 결과를 통해 의미를 도출할 수 있다고 보았다. 예를 들어 '산'이라는 개념은 인간의 경험과 독립되어 추상적이며 사변적으로 의미를 갖게 되는 것이 아니라, 예측과 경험을 통해 증명된 것들을 종합하는 과정에서 '산'이라는 개념이 도출된다는 것이다.

그러나 이렇게 도출된 결과에 대해서는 오류 가능성을 인정하지 않을 수 없다. 따라서 실용주의에서는 인과관계를 통해 나타난 결과를 객관화하여 절대적으로 받아들이기보다, 진리의 상대성을 인정하며 지식은 지속적으로 재구성되어 진보적인 방향으로 변화된다고 보았다. 이때 상대성이 갖는 의미는 환경과의 상호작용을 통해 사회적으로 형성된 주관성을 의미한다. 실용주의에서 개인은 혼자서 궁극적인 사고에 도달할 수 있다고 보지 않았다. 개인이 실제로 '산'을 경험하였더라도, 그때의 경험은 일면에 대한 경험일 뿐, 그러한 경험으로는 보편적인 '산'에 대한 개념을 형성할 수 없다고 이해한 것이다. 따라서 개인의 주관은 타인들과의 지속적인 상호작용을 통해 수정되고 재구성되며 진보적인 형태로 나아가는 과정에서 '산'이라는 개념이 보편성을 얻게 된다. 이렇게 도출된 개념은 직접적으로 '산'을 경험하지 못한 개인들에게도 타인과의 상호작용을 통해 '산'의 개념을 예측할 수 있게 한다.[18]

실용주의의 대표 사상가로는 피어스, 제임스, 듀이 등이 있다. 이들은 인간을 끊임없이 세상과 상호작용하는 유기체로서, 변화하는 세계와 더불어 성장해 나아가는 존재로 바라보았다.

이러한 실용주의 사상가들의 이론을 이해하기 위해서는 먼저 다윈의 진화론에 대해 살펴볼 필요가 있다. 다윈은 교육학자나 철학자는 아니지만, 그 당시 다윈의 주장은 전반적으로 학문 분야에 걸쳐 혁명적인 수준에서 영향을 미치고 있었다. 다윈은 전통적인 기독교 창조관에 대해 비판하며, 종(種)은 신에 의해 창조된 것이 아니라 점진적으로 진화된 결과라 주장한다. 이때 종의 종류와 구조가 변화한 이유는 유기체가 살아남기 위해 환경에 적응하며 조절한 결과라는 것이다.

듀이는 고정된 실체에 대한 개념을 부정하고 다윈의 진화과정을 수용한 학자로서, 인간을 유기체로서 불확정성을 가진 존재로 보았다. 불확정성을 가진 인간은 확정성을 향해 나아가고자 하며, 그러한 과정은 환경과의 끊임없는 상호작용을 통해 가능하다고 본 것이다. 이때 유기체로서 동물과 인간의 차이는 인간은 문화에 의해 매개되며 인류학적으로 문화에 영향을 받고 문화에 의해 축적된 존재라는 것이다.[19]

따라서 실용주의 관점에서 살아간다는 것은 성장한다는 것을 의미하며, 유기체로서 인간의 삶은 그 자체로 환경과의 상호작용을 통해 진보적인 형태로 변화되어 나아가는 과정으로 이해될 수 있다. 이러한 관점에서 교육은 삶이며, 교육은 성장이라는 듀이의 이론이 나타나게 된다.

그러나 실용주의의 한계는 본질적인 측면보다 실용성을 중시하는 과정에서 철학적 이념과 의미를 은폐시켰으며, 실생활에 유용한 것만을 의미 있는 것으로 받아들이게 하였다는 한계를 갖는다. 더 나아가 공리주의적으로 유용성을 입증하려는 과정은 다수에 의해 소수가 따라야만 하는 상황으로 치닫게 하였다.

2) 실용주의와 얽힌 교육

실용주의는 자아와 타자, 자아와 환경 간의 상호작용이 갖는 의미를 밝혀냄으로 아이들이 삶에서 어떻게 배움을 성취해 나아가는지 그 근거를 제공하였다.

흔히 배움은 누군가에 의해 얻게 되는 것이 아니라 본능적으로 성취하는 과정으로도 이해된다. 그러나 아이들이 혼자서 배움을 성취할 수 있었던 것은 아무런 영향 없이 혼자서 가능한 일이 아니다. 아이들의 배움은 환경과의 상호작용을 통해 이루어진 결과이기 때문이다. 실용주의에서 교육은 아이와 타자, 아이와 환경과의 상호작용을 통해 가능하다고 보았다.

이때 아이들이 환경과 맺는 상호적 관계는 한 방향으로 치우쳐진 관계를 의미하는 것은 아니다. 관계의 기울기가 환경에 치우쳐 그저 환경에 적응해가는 과정으로 교육을 이해하기에는 한계가 있다. 아무런 작용도 하지 않은 아이가 수동적으로 환경에 의해 저절로 배워지게 되는 것이 아니라는 것이다. 배움은 누군가에 의해 일방적인 주입으로 가능한 일이 아니다. 배우는 자가 자신의 의지와 노력, 그리고 실천적인 참여와 경험이 있어야만 가능하다.[20] 따라서 실용주의에서 교육은 환경의 중요성과 더불어 적극적으로 배움을 성취해 가는 자아에 대한 이해를 요구한다.

인간은 정신과 신체, 그리고 감성과 영성이 완전한 채로 고정되어 존재하지 않으며, 다양하고 복잡한 형태로 불완전한 존재로서 존재한다. 이러한 불완전성이 완전성을 향해 나아가는 과정에서 아이들은 성장하게 되는 것이다. 따라서 아이가 살아가는 과정은 그 자체로 성장 과정이며 삶은 성장으로 이해될 수 있다.

　그러한 관점에서 교육은 객관적이며 보편화된 지식을 습득하는 과정으로 보기 어렵다. 이미 완전성이 성취된 인간은 더 이상 성장할 수 없기 때문이다. 불완전한 인간은 삶의 과정 속에 여러 가지 문제들과 부딪침을 경험하며 완전성을 향해 나아간다. 교육은 실재적인 삶에서 부딪치는 이러한 문제를 해결해 나아가는 과정이다. 이러한 관점에서 교육의 목적은 진리의 발견이거나 지식에 대한 앎으로 볼 수 없다. 환경과 타자와의 상호작용을 통해 자신의 경험을 끊임없이 재구성하는 과정, 그 자체인 것이다. 지금의 교육도 이러한 관점에서 지식을 확고한 앎으로 받아들이기보다 끊임없는 재구성의 과정을 통해 구성되는 것으로, 구성주의적 관점으로 이해된다.

　실용주의적 관점에서 경험의 중요성을 주장한 이유는 단순히 감각적인 능력을 사용해서 교육을 실천하라는 의도는 아니다. 아이들의 불완전성을 그대로 인정하며 살아가는 과정에서 나타나는 문제에 봉착하게 함으로, 문제를 해결해 나아가는 과정에서 경험을 다시 재구성함으로 교육이 실천되어야 한다는 것이다. 그러므로 실용주의에서 말하는 경험은 단순히 주어진 세계를 감각적 경험을 통해 수동적으로 받아들이는 과정으로 이해될 수 없다. 이러한 측면에서 실용주의는 경험적(experiential)이기보다 실험적(experimental)이라는 표현이 더 올바를 것이다. 이는 지식을 가설적으로 바라볼 때, 지식의 변화됨을 받아들일 수 있기 때문이다.

인간의 삶 역시 마찬가지이다. 아이들의 경험은 고정된 경험이 아니다. 삶 자체가 성장인 아이들의 삶은 살아 있는 상태가 변화이고 성장이기 때문이다. 이러한 과정에서 경험하게 되는 삶의 문제들은 부정적이든, 긍정적이든, 아이들을 성장하게 하는 매우 중요한 요소로 작동하게 된다.

따라서 살아가는 과정에서 환경과 상호작용을 통해 맺게 되는 경험은 교육을 위한 과정이거나 도구가 아니라, 그 자체로 교육의 목적이다. 그러므로 실용주의에서 교육의 목표나 가치는 궁극적인 것이 될 수 없다. 아이의 경험이 일시적일 수 없듯이 변화되는 과정 속에 목표와 가치는 또 다른 목표와 가치들로 미끄러져 가기 때문이다. 이러한 실용주의 관점에서 교육은 흐르는 물에 비유될 수 있다. 인간의 삶은 움직임과 변화 속에 계속해서 흐르는 물인 것이다.

그러나 지금 우리가 바라보는 실용주의는 실용주의의 내재적 가치가 외면된 채 인과론적인 측면에서 외재적 의미만이 강조되고 있다는 한계를 갖는다. 왜 실험인가? 왜 경험인가?에 대한 본질적인 물음은 사라진 채 실험적인 방법을 통해 도출된 의미를 다시금 객관화시켜 당연한 것으로서 받아들이게 하였다.

실용주의에서 경험이 갖는 의미는 앞에서 언급하였듯이 단순한 감각적 경험으로의 의미를 넘어선다. 불완전한 세상과의 부딪힘이기 때문이다. 그러한 불완전성을 실험적인 방법을 통해 해결해 나가는 과정 속에 아이는 완전성을 향해 성장해 나아간다. 이러한 과정이 교육인 것이다.

반면 실용주의에서 말하는 상호성은 진화론적 관점을 수용한 이론으로 인간이 환경과의 만남을 통해 진화(성장)되는 과정으로 교육을 의미화하였다. 그러나 문제는 성장을 추구하는 실용주의 교육은 능력을 중심으로 성인을 아이보다 성숙한 존재로 바라보는 관점에서 미성숙한 존재인 아이들의 주관성이 지식의 재구성의 과정 등에서 배재될 수밖에 없다는 한계를 갖는다.

5. 실존주의(Existentialism)와 교육

1) 실존주의에 대한 이해

실존주의는 19세기 말부터 20세기 초에 나타난 사상이다. 그 당시 인류는 양차 세계대전이라는 시대의 엄청난 비극을 지나오며 절대적이며 객관적이라 믿었던 인식주체*의 합리성에 대해 의심을 품게 된다. 인식주체의 합리성은 그저 합리화에 따른 결과였을 뿐, 결코 합리적이지 않았다. 이러한 의심은 인간의 이성과 더불어 초월적인 것에 대한 허무함을 드러냈으며 절대적이라 믿었던 가치와 질서를 다시 생각하게 하였다.

플라톤 이후 헤겔에 이르기까지 그동안 철학은 본질적인 물음에 대한 답을 찾아가는 과정이었다. 예를 들어 '아이는 아이답게', '교사는 교사답게'라고 하였을 때, 아이다움과 교사다움의 내면에는 이미 아이와 교사에 대한 본질(이데아)이 존재한다고 본 것이다. 따라서 지금까지 철학은 이러한 본질(형상)이 실존보다 앞선 것이라 믿었다.

그러나 실존주의에서 본질은 실존보다 선행할 수 없다. 본질이라는 것은 어떠한 존재가 실존할 때, 비로소 드러날 뿐이다. '나는 생각

---

* 인식주체는 개별적 존재의 인식을 의미하는 것이 아니라 이성적 주체를 의미한다.

한다, 고로 나는 존재한다'를 통해 비판적 인식주체를 상정한 데카르트의 이론에서도 결국에는 나라는 존재가 실존하지 않는다면, 생각하는 나조차 나타날 수 없기 때문이다. 그러나 이때 실존은 개별적 실체(Substanz)를 의미하는 것은 아니다. 개별적 실체인 인간의 현존(Dasein)은 본질(Essentia)과는 구별되며, 현존 역시 존재한다는 사실 그 자체에 의미를 갖는다.

실존주의에서 인간은 모순적이며 공허한 존재이다. 야스퍼스는 인간을 현존(Dasein)과 실존(Existenz)으로 구분하며, 실존을 인간의 현존 전부로서 동일한 것으로 받아들여서는 안 된다고 보았다. 나타남은 하나의 가능성일 뿐, 사람의 사람됨은 고정되어 존재할 수 없기 때문이다. 예를 들어 학생이라는 존재는 학교에 있을 때 나타나는 실존적 모습이다. 학교에서 아이들은 학생으로 존재한다고 해서 아이 존재 전부가 학생인 것처럼 의미화될 수는 없다. 아이들은 또래와의 관계에서는 친구로 존재하며, 부모와의 관계에서는 자녀로 존재한다. 이러한 부분들을 모두 합한다고 해도 현존의 전부는 이해되기 어렵다. 또 다른 초과의 영역이 발생되기 때문이다. 따라서 현존은 실존의 전부로 이해될 수 없다.

하이데거는 현존의 본질은, 실존 안에 존재하며 비본래성(Uneigen-lichkeit)으로부터 본래성(Eigentlichkeit)으로 나타난다고 보았다. 따라서 실존주의에서 인간존재는 그 본질이 미리 결정된 것이 아니다. 살아가는 과정에서 자신의 본래성을 향해 나아가는 존재이기 때문이다. 개별적 인간존재는 스스로 옳고 그름을 판단할 수 있는 존재로서, 본질을 결정하는 자유와 자유에 따른 윤리적 책임을 지닌 존재이다. 다시 말해 인간은 열려 있는 가능성의 존재로서 고정되지 않은 채 존재하며, 스스로의 결정을 통해 자기 형성을 전개할 자유와 그에 따른 책임이 있는 주체적인 개별자로서 존재한다.

앞서 실용주의에서도 살펴보았듯이, 지금까지 세계에 대한 이해는 인과론적인 측면에서 계량화되고 자연화시킨 결과에 대한 이해였다. 그러한 이해는 본질(true)적인 의미를 나타내기 어렵다. 실존주의자들은 지금까지의 실증적인 방식에 대해 비판하며, 절대성이라는 것은 결코 외부로부터 얻어지는 것이 아니라, 현존재인 인간 자신으로부터 찾아야 한다고 보았다.

실존주의에서 인간을 이해하는 과정은 실존(Existenz)*이 나타나는 삶을 통해 가능하다. 지금까지의 사고로부터 단절하여 현상을 실존하는 그 자체로 바라보는 과정이 요구되는 것이다. 예를 들어 언어적 경험을 하고 있는 아이들을 바라보며, 그 말이 어떠한 의미를 가졌는지, 교육적으로 의미가 있는 말인지, 자신의 잠재된 능력을 발달시키고 있는지에 대한 의미화 이전에, 그저 아이들이 말을 하고 있다는 현상 그 자체, 실존 그 자체를 바라보아야 한다. 이는 아이들을 교육학적인 지식이나 편견이 아닌 삶에서의 나타남을 중요하게 여긴 것이다

---

* 실존주의는 철학자마다 상이한 관점을 제시하고 있어 하나로 이론화하기는 어렵다. 그러나 그들은 키르케고르의 실존(Existenz)으로부터 자신의 이론을 제시하고 있다는 점에서 유사성을 갖는다(이규호, 1995).

실존주의에서 개별적 존재의 의미화는 다양한 현존의 실존으로 인해 다수적 의미를 발견하게 한다. 이러한 시도는 최근 페미니즘적 사유와 맞물려, 소수자를 소수자로서 의미화할 수 있는 배경이 된다. 그러나 오히려 모든 것이 의미화되는 상황은 아무것도 의미 없는 것처럼 치부될 수 있다. 그저 '다양하다'라는 표현으로밖에 의미화될 수 없는 것이다. 따라서 개별적 존재로서 현존재에 의해 현시된 실존이 갖는 의미는 보편적인 의미로 받아들이는 데 한계를 갖는다.

하나의 사례로 "반 고흐가 그린 구두의 주인은 누구인가?"에 대한 논쟁을 살펴볼 수 있다. 실존주의 대표적인 사상가인 하이데거는 그의 존재론적 사유를 통해 반 고흐가 그린 구두의 주인은 농부의 아내라고 설명한다. 이러한 해석은 자의적이거나 주관적인 적용이 아니라, 그림이 건넨 말 건넴으로 인해 알게 된 것이라 강조한다.[*][21] 그러나 샤피로는 하이데거의 해석을 비판하며 미술사적 지식을 기반으로 반 고흐가 그린 구두의 주인은 농부의 아내가 아니라 고흐 자신이라고 주장한다.[22] 이러한 사상가들의 차이에 대해 데리다는 구두의 주인이 누구인가에 대해서는 어떠한 결과로 확정 지을 수 없다고 보았다.[23] 이처럼 실존주의적 측면에서 현존재에 의해 해석된 의미가 보편적인 의미로서 객관성을

---

[*] 사실상 하이데거에게 구두의 주인이 누구인지. 여자인지 남자인지는 그리 중요한 주제가 아니었다. 낡은 신발이 보여주는 인간의 고단한 삶을 의미화하고자 하였기 때문이다. 그러나 언어화의 과정은 언표를 해석하는 또 다른 작업을 요구하기에 어떠한 기준이 없이는 그 의미가 보편적인 의미로 받아들여지기 어렵다는 한계를 갖는다.

보증받기 위해서는, 개별적 존재의 주관성을 넘어 적절한 합의와 기준
이 요구되는 것을 알 수 있다.

〈신발 한 켤레〉(빈센트 반 고흐, 1886)

2) 실존주의와 얽힌 교육

실존주의에서 인간과 인간, 인간과 세계와의 '실존적 만남은 교육 이
전에 선행'한다.[24] 앞서 실용주의에서도 타자와의 만남이 중요하게 언급
되었지만, 그때의 만남은 '만남이 교육'이라는 의미로 해석될 수 있다.
이러한 차이는 삶을 그 자체로 교육으로 바라본 실용주의의 경우, 진보
적인 과정에서 살아가는 과정을 지속적으로 성장하는 과정으로 이해했

기 때문이다. 실용주의자들은 세상과 맺게 되는 만남을 통해 아이들은 끊임없이 성장하게 된다고 보았다.

반면 실존주의에서는 '지금-여기' 실존 그 자체가 중요하다. 관계를 맺어야만 하는 만남이거나 지속적으로 성장해야 하는 만남이 아니라, 삶을 살아가는 순간의 의미가 강조되고 있는 것이다. 이러한 측면에서 실존주의에서 실존적 만남은 교육 이전에 선행한다.[25] 실존주의에서 아이들은 개별적 존재로서 실존 그 자체에 의미를 갖는다. 이는 부모나 교사에 의해 중심화된 이해이거나, 학교나 공동체 속에 대상화된 이해가 아니라, 그 자체를 그 자체로부터 이해해야 한다는 것을 의미한다.

교육한다고 하였을 때, 교육은 인간에 대한 이해 없이는 불가능하다. 교육을 위한 대상이 누구인지 알 수 없는 상태에서 무엇을 어떻게 교육할 것인가에 대한 문제에 부딪히기 때문이다. 따라서 교육을 위해서는 먼저 인간에 대한 이해가 선행되어야 할 것이다.

실존주의적 측면에서 교육적 의미를 발견한 대표적인 사상가는 볼노우다. 볼노우는 그동안의 철학적 논의인 객관인가, 주관인가에 대한 대립으로부터 벗어나 주관과 객관의 경계를 넘어 세계내 존재로서 인간을 설명한다. 볼노우에게 인간은 모순적이며 예측 불가능한 존재이다. 희로애락이 교차되는 인간의 삶은 그 자체로 모순으로밖에 설명될 수 없기 때문이다. 따라서 실증적인 방법(발달 심리학적)으로 아무리 객관화시킨 척도를 사용한다 하더라도 인간존재는 측정은 물론 이해조차 불가능하다. 또한, 인간은 경험과 체험을 통해 사물을 주체적으로 인식하며 역동적으로 새로운 무언가를 창조해 내는 존재이다. 우리는 앞서 하이데거가 주체적으로 고흐가 그린 구두의 의미를 어떻게 창조해 내는지 살펴보았다. 더 나아가 볼노우는 인간을 삶에서 나타나는 불안감과 공포로부터 벗어나고자 초월적인 그 무언가를 찾고 의지하고자 하는 종교성(영적)을 가진 존재로 이해하였다.[26]

지금까지 전통적인 관점에서 아이들은 인식주체인 성인을 기준으로 미성숙한 존재로 이해되어왔다. 이때의 교육은 계몽주의적 접근에서 목수가 가구를 만들기 위해 설계도를 준비하듯, 아이들을 성숙한 존재로 '만들어 내는 교육'이었던 것이다. 이는 기계적 교육관(mechanischen auffassung)으로, 교육자는 교육을 위해 미리 목적과 목표를 세워 아이 '밖에서부터 안'으로 교육을 실천하였다. 또 다른 전통주의적 관점은 낭만주의이다. 낭만주의적 관점에서 교육은 아이들을 무한한 가능성의 존재로 바라보았으며 인간 고유의 법칙에 따라 스스로 성장할 수 있는 존재로 이해하였다. 이는 유기적 교육관(organischen auffasung)으로 교육은 '기르는 교육'으로 '안으로부터 밖'으로 소극적인 보호작용을 통해 실천해야 한다고 본 것이다.[27] 이처럼 기계적 교육관과 유기적 교육관은 관점에 따라 교육의 형태가 다르게 나타나지만, 두 관점을 작동시키는 배경에는 지속적으로 성장해야 하는 존재로써 인간을 이해하고 있음을 살펴볼 수 있다.

볼노우는 지속적 가소성(持續的 加召城)을 전제로 인간을 이해한 전통적인 관점을 비판하며, 단속적(斷續的) 삶의 의미를 통해 인간의 존

교육과 철학의 얽힘

재의미를 밝히고자 하였다. 인간의 삶은 분명 연속적이다. 그러나 연속성을 통해서 인간존재를 이해하려 한다면, 그때의 삶은 미래를 위해 준비하는 과정으로 수단화될 수 있다는 것이다. 따라서 볼노우는 단속적 삶이 갖는 의미를 통해 성장과 발달적인 측면으로부터 벗어나 아이들의 실존적 삶의 중요성을 드러내고자 하였다.

시대가 빠르게 변화되고 있다. 그러나 여전히 교육은 '만드는 교육'과 '기르는 교육'에서 벗어나지 못한 실정이다. 국가 수준의 정해진 교육과정을 통해 교사는 교육의 목적과 목표를 설정하고, 적극적이든, 소극적이든 그에 따라 교육을 실천한다. 실존주의자들에게 이러한 교육은 아이들의 주체성과 역동성을 현시키기 어렵다고 보았다. 더 나아가 수동적으로 주어진 교육에 반응해야 하는 접근으로는 자기 삶에 대한 반성과 책임으로부터 무관한 아이들로 자라게 한다는 것이다. 물론 현존의 실존을 중심으로 세계를 이해하려는 실존주의적 관점은 타자가 실존에 어떠한 영향을 미치는지 설명하기 어렵다는 한계를 갖는다. 그럼에도 인간의 삶으로부터 교육적 의미를 발견하려는 시도는 교육이 추구해야 할 방향성(장소)을 제시하였다는 점에서 의미를 갖는다.

6. 분석철학(Analytic Philosophy)과 교육

1) 분석철학에 대한 이해

궁극적이며 영원불변한 것(이르케, arche)은 무엇인가? 분석철학 이전의 철학적 과제는 영원불변한 그 무엇이 있다는 전제하에 본질을 탐구하기 위한 과정으로 전개되었다. 이러한 전제에 따라 근대 이전의 철학은 형이상학적 측면에서 본질을 파악하고자 하였다면, 근대과학의 발달은 형이상학적인 고정불변한 실체에 대한 개념이 없어도 과학적이고 실증적인 방법을 통해 세계에 대한 객관적인 이해가 가능하다고 보았다.[28]

다윈의 진화론은 그동안 당연한 것으로 받아들였던 생물학적 종(species)에 대한 개념을 해체하였고, 더 이상 세계는 고정불변한 것이 아니라 변화 속에 존재한다는 것을 과학적인 형태로 증명하였다. 이러한 다윈의 이론은 당시 사고체계를 전환하는 계기가 되었으며, 이후 현대 물리학은 새로운 논리학을 등장시키는 배경이 된다. 분석철학은 이러한 사고체계의 전환과 더불어 20세기 초에 등장한다.

분석철학은 동시대의 사상이었던 실존주의와 대립적인 측면에서 실재에 대한 의미를 현상학적 탐구*가 아닌 분석적인 태도(analytic attitude)로 이해하고자 하였다. 비트겐슈타인은 그의 「논리철학논고」에서 논리를 이해하기 위해 필요한 것은 경험이 아니라고 보았다. 논리는 모든 경험보다 앞서 존재하기 때문이다.[29]

그러나 분석적인 태도로 세상을 이해하고자 한 시도 자체는 분석철학만의 전유물은 아니다. 분석적인 방법으로 철학하려는 태도는 고대 그리스의 원자론자들의 회의적 물질주의에서부터 나타난 현상이었으며, 이후 영국의 경험주의와 실증주의에서도 살펴볼 수 있다. 그럼에도 20세기 초 분석철학이 하나의 철학적 사조로 인정될 수 있는 것은 이전의 철학적 사유와는 근본적인 차이를 갖기 때문이다. 분석철학은 단순히 분석적인 태도로 사유한다는 의미를 넘어선다. 분석철학자들은 세계에 대한 명확한 이해는 언어에 대한 논리적인 분석을 통해 비로소 가능하다고 보았다. 인간의 세계는 사실상 언어로 매개된 세계이기 때문이다.

분석철학을 정초한 철학자들로는 프레게, 러셀, 무어, 비트겐슈타인 등이 있으며, 이들의 작업은 '언어분석을 통해 명제들을 명료화'하는 것에 있다. 여기에서 명제는 언어와 관련이 있으며, 명료성은 논리와 관련이 있다. 지금까지의 사상이나 사조는 언어에 의해 전개되었다고 이해한 분석철학자들에게 분석의 대상은 세계 그 자체가 아니라 언어에 있다. 분석철학자들에게 그 자체로의 세계는 이해의 차원을 넘어서기에

---

* 분석철학자들은 명료하지 않은 하이데거식 현상학적 글쓰기의 시적 표현에 대해 강하게 비판한다.

이는 '알-수-없음'의 상태로 존재하기 때문이다. 따라서 세계에 대한 이해는 언어분석을 통해 비로소 가능하다.

고대부터 현재까지 실제에 대한 의미는 계속적으로 미끄러져 틈을 발생시켰다. 객관적이라 믿었던 그동안의 존재의미는 계속 해체되었으며, 결국에는 아무것도 의미화할 수 없는 상태로까지 치닫게 된 것이다. 인식 밖에 객관적인 것이 존재한다는 믿음, 인식과 인식 간의 상호주관성이 만들어 낸 보편적인 것에 대한 믿음, 나아가 개별적 현존재에 의해 세상이 의미화되기까지 이러한 흐름 속에 과연 실재하는 것은 무엇일까? 분석철학자들은 이러한 문제의식을 갖고 세상을 이해하는 통로가 인간의 인식과 경험보다 언어였음을 깨닫게 된다.

예를 들어 고대 소크라테스의 사상을 이해하기 위한 과정은, 소크라테스가 살았던 시대로 돌아가 현상을 그 자체로 체험한 결과가 아니었다. 플라톤에 의해 언어화된 언어에 대한 이해였을 뿐이다. 소크라테스의 이론은 언어화되는 작업을 통해 비로소 실제로서 나타날 수 있었다.

이처럼 분석철학자들은 철학을 가능하게 하는 터전을 언어로 보았으며, 그들의 과제는 이러한 언어가 얼마나 실제성을 담고 있는가에 있었다. 언어는 진실만을 담고 있지 않으며 거짓 역시 담고 있기에, 논리적인 분석방법을 통해 언어의 진실성을 확보하고자 한 것이다. 따라서 언어를 분석하는 과정은 진리를 찾기 위한 과정으로서 철학적 탐구의 기본과제가 된다.[30] 분석철학자들의 과제는 언어를 분석함으로써 철학을 과학화하는 것에 있다.

그러나 분석철학이 갖는 한계는 실제를 의미화하고 있는 언어를 실제보다 우위에 두고 실제를 이해하게 하였다는 것이다. 분명 실제에 대한 이해는 언어화된 결과라고 볼 수 있다. 그러나 이러한 분석철학적 접근으로는 실제에 대한 본질적 이해가 어렵다. 기표는 기의 전체를 의미화할 수 없으며, 끊임없이 초과의 영역을 발생시킨다. 언어화는 실제가 갖는 의미를 하나로 일자화하는 과정에 나타난 의미화의 결과일 뿐이다. 따라서 언어화된 의미가 실제를 대변해 주지는 못한다는 한계를 갖는다.

2) 분석철학과 얽힌 교육

분석철학에 의하면 현 사회의 본질적인 문제는 언어로부터 시작된다. 이는 교육적 문제에서도 마찬가지이다. 지금까지 교육을 위해 사용된 언어들을 살펴보면 그 개념이 모호하고 명료하지 못한 언어를 사용함으로써 교육을 실천하는 데 있어 혼란을 야기했다. 더욱이 교육학만의 학문적 정체성이 정립되지 못한 상태에서 타 학문에 대한 의존은, 교육학만의 특수성을 이해하기 어렵게 하였다.

예를 들어 교육에 있어, 교육이라는 기표에는 다양한 기의들이 내재되어 있다. 사상가마다 동일한 기표를 사용한다 하더라도, 의미하는 바가 각각 다르다는 의미이다. 따라서 지금까지의 교육에 대해 긍정하든, 부정하든, 먼저는 그때의 교육이 어떠한 교육을 말하는지 명확한 개념화가 요구된다. 그러한 과정 없이 교육을 해체하고자 할 때, 허무주의로 빠져 교육에 대한 무용설로까지 나아갈 수 있기 때문이다. 단적으로 푸코가 비판하는 교육은 권력체제에 의해 수단화된 학교 교육을 의미하는 것이지, 본질적인 차원에서의 교육을 의미하는 것은 아니다.

분석철학은 교육학의 문제에 대해서도 이러한 개념의 혼란에 있다고 보았다. 따라서 세계에 대한 이해는 언어화된 세계 이해로서 언어적 개념을 보다 명료화함으로 교육학이 가진 현실적인 문제까지 극복할 수 있다고 본 것이다.

지금까지 교육은 방법론적인 접근에 치우쳐, '교육은 무엇인가?', '가르침은 무엇인가?', '배움은 무엇인가?', '지식은 무엇인가'에 대한 근본적인 개념적 이해보다는 '어떻게 가르칠 것인가?', '무엇을 가르칠 것인가'에 대한 논의였다.

여기서 근본적인 개념이라는 것은 형이상학적인 측면에서 완전 불변한 세계관을 의미하는 것은 아니다. 또는 실존주의적 측면에서 인간의 주관성에 치우쳐 세상을 이해하려는 방식도 아니다. 이미 현대사회로의 이행은 객관적인 것에 대한 해체와 주관적인 것으로는 어떠한 것도 의미화할 수 없다는 사실을 드러냈다. 따라서 분석철학은 세계의 의미를 구조화하고 있는 언어야말로 세계에 대한 명확한 이해가 가능하게 한다고 보았다.

그러나 분석철학은 개념적인 측면에 치우쳐 실천적인 문제에 대해서는 언급하지 못하였다는 한계를 갖는다. 분명 교육학은 분석철학적 측면에서 지금까지의 교육학적 개념을 보다 명료화하는 과정이 필요하다. 그러나 세계에 대한 이해는 사실상 언어분석만으로는 충분하지 않다. 세계는 언어로 이해될 수 있는 차원을 넘어서기 때문이다. 부분에 대한 이해는 세계를 대변해 주지 못한다. 예를 들어 원자론적인 측면에서 풀과 꽃, 나무 등을 이해한다고 해서 숲 전체를 이해하고 있다고 말할 수 없다. 더 나아가 분석철학은 구조주의적 접근으로 인해 인과론적인 측면에서 이해될 수 없는 복잡하고 다원화된 세계에 대한 이해와 윤리적인 차원에서의 관계 의미를 설명하기 어렵다는 한계를 갖는다.

7. 포스트 구조주의(Post-Structuralism)와 교육

1) 포스트 구조주의에 대한 이해

포스트 구조주의는 프랑스의 68혁명 시기를 통과하면서 직전 세대를 사로잡았던 구조주의를 창조적으로 계승하거나, 전복하려는 시도로 나타난 사상이다. 구조주의를 계승하는 개념으로 이해할 경우 후기 구조주의라는 표현으로 이해될 수 있으며, 구조주의와 대결하는 측면에서 전복의 시도로 이해한다면 탈구조주의라는 표현이 적당할 것이다.

포스트 구조주의를 이해하기 위해서는 먼저 구조주의에 대한 이해가 선행되어야 한다. 앞서 분석철학 역시 구조주의적 맥락에서 이해될 수 있다. 구조주의는 1960년대 2차 세계대전 이후 프랑스를 중심으로 세계적으로 넓은 파장을 일으킨 혁명적 사상이었다. 그 당시 시대적 상황은 민주주의와 사회주의라는 두 정치적 이념에 대한 불신과 경제적 측면에서 부르주아 이데올로기에 대한 비판적 근거가 요청되고 있는 실정이었다. 구조주의는 이러한 시대적 요청에 의한 반응으로써 그동안의 이해로부터 단절하여 이론을 재창조 내지 재생하기 위한 혁신적인 시도였다.[31]

그동안의 이해는 실존주의 사상에서조차 인간의 이성을 전면에 내세워 주체를 중심으로 세상을 이해하게 하였다는 한계를 갖는다. 이미 양차 세계대전을 지나는 동안 주체를 중심으로 한 이해로는 세계 속에 나타나는 문제를 해결하기 어렵다는 문제의식이 표출되었고, 시대적 변화는 새로운 인식의 패러다임을 요청하게 된 것이다.

그러한 요구는 주관적 해석에 대한 일체를 포기하게 하였으며, 정태적 상태를 그 내적 '관계의 관계'를 파악하는 과정에서 비로소 객관적인 분석방법이 가능하다고 보았다. 이러한 인식의 변화는 구조주의라는 새로운 사조를 도래하게 하였다.[32]

구조(stucture)라는 단어의 어원은 라틴어의 stuctura와 stuere에서 유래되었다. 처음 구조라는 말은 전체를 의미하거나 부분 간의 상호관계를 지칭하는 말로 사용되었다. 이후 헤겔은 전체성이 갖는 의미를 사회현상에 적용시켰으며, 구조주의 사상가인 소쉬르는 구조를 언어학적 측면에서, 피아제는 심리학적 측면에서, 레비-스트로스는 인류학적 측면에서 의미화한다. 정신분석학자인 프로이트 역시 구조주의 사상가로서 레비-스트로스의 문화연구를 확장시켜 신화, 예술, 경제를 아울러 전반적인 사회에서 나타나고 있는 보편적 현상을 구조를 통해 탐구하고자 하였다.

이처럼 구조주의는 너무나도 다양한 양태로 나타나고 있기에, 하나의 관점으로 정의되기에는 한계가 있다. 각각의 학자들은 자신만의 독특한 학문적 영역에서 구조주의를 전개하고 있기 때문이다. 그럼에도 구조주의 사상가들의 각각의 관점을 관통하는 사상적 특징에는 '주체에 대한 거부'에 있다.[33] 이는 주체를 중심으로 이해되었던 그동안의 학문적 체계에 대한 단절을 통해 주체의 자리에 구조를 내세웠으며, 구조로써 모든 것을 이해하게 된 배경이 된다.

이렇게 구조주의가 개화되었을 때 비로소 포스트 구조주의가 도래한다. 포스트 구조주의는 구조주의와 더불어 그동안의 철학적 제반문제에 대한 비판의식을 공유하면서도 정반(正反)의 과정으로 진행된 탈주 과정에 대해 문제의식을 갖는다.

구조주의는 주체로부터 탈주체하는 과정에서 구조를 통해 세상을 이해하고자 하였다. 이러한 과정은 구조를 인간보다 우선시하는 과정에서 반대로 구조를 통해 인간을 이해하게 한 것이다. 단적으로 교육학적 측면에서 피아제의 인지발달이론이 인간의 발달을 구조를 통해 설명하는 과정에서, 인간 그 자체에 대한 이해보다 인간을 구조화시켜 이해하게 되는 결과를 초래하였다.

포스트 구조주의자들은 구조를 통한 이해로는 그 자체의 본질적 이해가 어렵다고 보았다. 이러한 시도 역시 여전히 체제의 산물인 것이다. 그러한 비판에서 형이상학적 체제로 존재했던 언어, 앎, 의미 등 확고한 기반까지 제거하는 방향으로 해체시켜 나아가고자 한 것이다. 예를 들어 언어적인 차원에서 지금까지 언어는 성인남성의 목소리를 중심으로 구조화되었다. 사실상 보편적이라 믿어 온 언어의 구조 속에 아이의 목소리, 여성의 목소리, 장애인의 목소리, 더 나아가 동물들의 목소리는 소외되어 왔다.

이처럼 포스트 구조주의는 주체의 해체라는 소극적 테제를 넘어 형이상학적 사고에 대한 본질까지도 문제를 제기한다. 이는 형이상학적 사유에 대한 종결을 의미한다. 이러한 포스트 구조주의의 대표 사상가로는 데리다, 들뢰즈 등을 들 수 있다. 그들은 구조주의 담론을 탈구조주의적 측면에서 정면으로 전복하고자 하였다.

그러나 포스트 구조주의는 지금까지 지배 담론이었던 주체 중심을 넘어 형이상학적 사고체제를 해체하는 과정에서, 진리를 추구하는 철학조차 반철학적 입장에서 해체해 버렸다는 한계를 갖는다. 진리라는 것은 실재란 무엇인가에 대한 본질적 의미를 말한다. 인간에게는 본능적으로 옳음을 알고자 하는 본성이 내재되어 있다. 이미 끊임없이 진리를 찾고자 하는 인류의 역사성을 통해서도 쉽게 발견할 수 있다. 진실 된 것이 무엇인지 알고자 하는 마음과 정신 역시 그 자체로 인간의 본성인 것이다.

따라서 어느 것도 진리라 말할 수 없는 본질이 망각된 후기 현대사회의 불확실성과 혼란은 진리의 종결이 아니라, 또 다른 차원으로의 진리를 향하게 하였다. 이러한 포스트 구조주의가 갖는 한계를 비판하며 바디우는 포스트 구조주의 이후의 사상가로서 진리가 해체된 현대사회에 다시 진리를 소환하며, 과정 중에 나타나는 주체를 이론화한다.[*]

---

[*] 포스트 구조주의 한계를 넘어서고자 한 바디우의 사상에 대해서는 이후에 서양철학사를 통해 자세히 소개하도록 한다.

2) 포스트 구조주의와 얽힌 교육

앞서 언급하였듯이 근대사회의 출발점이 되었던 인식주체에 대한 철학적 논의는 현대에 들어 구조주의를 등장시키는 배경으로 작동된다. 중세 '신'이 위치했던 그 자리에 자리 잡은 인식주체는 시대적 변화에 따라 '구조'에게 자리를 내어주게 된 것이다.

포스트 구조주의는 구조주의가 갖은 인식주체에 대해 동일한 문제의식을 가지면서도 다시금 구조를 객관화시켜 절대성을 부여한 구조주의에 의문을 제기한다. 절대적 인식주체에 의해 주변화되었던 개별 주체들의 타자화는 분명 비판적 관점에서 해체되어야 하지만, 구조주의가 취한 극단으로의 대립은 동시에 인식주체와 더불어 소수의 개별 주체까지도 해체해 버리는 상황으로까지 치닫게 한 것이다.

교육적 상황도 이러한 흐름과 함께한다. 전통적으로 교육은 인간의 이성을 통해 합의된 보편화된 지식을 전수하는 과정으로 전개되어왔다. 분명 구성주의적 맥락에서 지식은 초월적으로 존재하는 것이 아니라 주체들 간의 합의된 결과라는 것에서 의미를 갖는다. 문제는 합의의 과정에 있어 교육의 당사자인 아이라는 주체는 포함되지 않았다는 것이다. 개별적 주체인 아이들은 교육에 있어 타자화되어 왔으며 수동적인 존재로서 그저 주어진 교육에 반응하는 존재였다.

교육에 있어 이러한 문제의식은 아이들을 수동적인 존재가 아닌 적극적인 존재로 의미화하는 과정에서 교사와 아이 밖에 존재하는 구조를 통해 다시금 교육을 바라보게 하였다. 피아제는 그의 발생학적 인식론(genetic epistemology)을 통해 지식의 근원에 대한 문제를 해결하고자 하였으며, 그 과정에서 아이들이 지식을 어떻게 획득해 나아가는지에 대한 구조를 밝히고자 하였다. 그 결과 교사는 아이들에게 주입식으로 지식을 전달해서는 안 되며, 아이가 스스로 지식을 획득할 수 있도록 흥미와 문제를 제기해 주어야 한다고 보았다.

이처럼 구조주의는 교육에 있어 그동안 대상화되었던 아이들을(학습자) 중심으로 재해석 하였다는 것에서 의미를 갖는다. 반면 발달 단계를 통해 아이들을 해석하려는 작업은 다시금 아이들을 구조라는 틀에 가두게 하였다. 전통적인 관점에서 성인에 의해 타자화되었던 아이들의 존재가, 이제는 발달 단계라는 구조에 의해 타자화되고 있는 것이다.

포스트 구조주의는 이처럼 발달 단계라는 구조에 갇혀 버린 개별적 존재인 아이들을 해방시키고자, 탈구조화를 통해 존재 그 자체의 의미를 다시 묻는다. 이러한 과정에서 '의미' 그 자체에 대한 물음을 제기하며 의미와 지식, 그리고 앎 등에 대한 이해 역시 여전히 전통적인 관점에서 형이상학적인 사유가 내재된 결과라는 것이다. 주체는 무언가 고유한 의미, 내지 의식이 존재할 거라는 기대 또한 포스트 구조주의에서는 해체해야 하는 대상이었다.

즉 포스트 구조주의는 주체 철학에 대한 물음과 더불어 형이상학적 사유에 대한 비판적 문제의식을 갖고, 다시금 세상을 이해하고자 하였다. 이러한 과정에서 그동안 로고스를 중심으로 이원대립적인 구조 속에 이해되었던 형이상학적 개념들이 해체되기 시작한다. 데리다의 경우 주체와 객체를 대립적인 측면에서 의미화하기보다 차연(差延, differance)이란 개념을 통해, 시간의 지연됨에 따라 나타나는 차이의 의미를 밝히고자 하였다.

흔히 차이의 철학으로도 불리는 포스트 구조주의 사상은 이처럼 변증법적인 차원을 넘어 차이 그 자체를 의미화하고 있다. 지금까지 다름에 대한 관점은 배제되어야만 하는 그 무엇이었다면 포스트 구조주의에서의 다름은 긍정의 의미를 갖는다.

이러한 측면에서 포스트 구조주의가 교육에 주는 의의는 발달에 적합한 실제라는 지금의 교육을 비판적 시선에서 바라보게 하였다는 것이다. 발달 단계를 통한 이해는 사실상 구조화된 이해였을 뿐, 개별적 존재로서 아이 그 자체를 의미화하였다고 볼 수 없다. 따라서 교육은 전통적인 관점에서처럼 성인에 의해 수동적으로 따라야만 하는 과정에서 벗어나야 하겠지만, 정해진 발달 단계에 따라 아이들을 구분하고 그에 맞는 교육을 실천하려는 시도 역시 비판되어야 할 것이다.

바디우는 존재론을 상황이라 언급한다. 이는 존재에 대한 이해는 선험적인 이해나 구조화된 이해로 가능한 것이 아니라 상황 그 자체를 통해 비로소 의미화될 수 있다는 것이다. 따라서 교육은 절대화되고 객관화된(형이상학적인) 지식을 전달하는 과정이 아니라, 아이들의 실재적인 상황으로부터 접근되어야 할 것이다. 또한 옳고 그름이라는 대립적인 관계 속에 이분법적인 틀로 아이들의 삶을 판단하는 것이 아니라, 아이들의 삶 그 자체와의 마주침을 통해 교육이 전개되어야 할 것이다. 그러한 과정은 '그저-있음'의 실존적 차원을 넘어, 개별적 존재들 각각의 차이가 드러날 수 있는 교육적 상황과 의미의 재발견이다.

3장

서양철학의 흐름으로
살펴본 교육

1. 고대사상과 교육의 얽힘

서양철학의 흐름은 고대 그리스로부터 그 기원을 살펴볼 수 있다. 철학은 철학사를 통한 이해*라고 해도 과언은 아니다. 그러나 철학에 대한 기원은 그 시대가 처한 상황으로부터 이해되어야 할 것이다. 철학을 등장시킨 것은 철학사가 아닌, 인간이 처한 구체적인 삶이기 때문이다. 따라서 고대 그리스의 사회·문화적 배경은 철학의 기원을 이해하는 단초가 될 것이다.

고대 그리스는 폴리스(polish)라 불리는 작은 도시국가이다. 국가라고는 하지만, 지금의 국가형태와는 다르다. 그 당시 도시국가의 인구수는 여성과 아이, 노예를 제외하고 대략 4만 명 정도의 자유인이라 불리는 남성들에 의해 구성된 작은 사회였다. 정치체제는 직접 민주주의체제로 개방적이고 합리적인 토론의 과정을 통해 작동되었다.

그 당시 그리스인들은 로고스적 세계관을 통해 (자연)세계를 이해하고 있었다. 세계가 객관적으로 존재한다는 이해는 그리스인들로 하여금 세계를 먼저 상정하게 하였고, 주어진 세계로서 세상을 당연한 것으

---

* 물론 철학과 철학사는 다르다. 철학은 하나의 학문을 의미하지만, 철학사는 철학의 역사를 의미하기 때문이다. 그러나 철학이 무엇이었는가에 대한 이해를 위해서는 철학사에 대한 이해가 요구될 것이다.

로 받아들이게 한 것이다.

그리스 사람들은 조화와 질서를 중요하게 여겼으며, 이러한 인식은
'공동체 속의 나'를 개별적 존재보다 우선적으로 바라보게 하였다. 개인
의 권리라는 것도 비로소 공동체를 통해 가능하다고 본 것이다.

〈아테네 학당〉(라파엘로, 1510)*

그 당시 그리스인들에게 세계는 인간의 이성을 통해 이해될 수 있는
것이었다. 인간의 이성은 세계의 질서에 의해 이미 편입되어 있기 때문
이다. 따라서 도시국가에서 나타나는 정치체계는 인간 이성에 대한 신

---

* 위의 그림은 르네상스 시대에 학문의 기원인 고대사상을 찬양하고자 라파엘로가 그린
그리스 아테네 학당의 모습이다. 중심에 플라톤과 아리스토텔레스가 위치하고 있다.

뢰를 바탕으로 한다. 이러한 고대사상에 대해서는 소크라테스와 플라톤, 아리스토텔레스의 사상을 통해 살펴보고자 한다.

소크라테스(Socrates)의 사상과 교육

기원전 5세기경 세계를 이해하기 위해 시작된 그리스의 철학적 탐구는 인간에 대한 관심으로 이어진다. 고대 그리스인들은 자기 자신이 누구인가에 대한 질문을 던지게 된 것이다.

〈향연〉(안젤름 포이어바흐, 1874)*

---

* 위의 그림은 플라톤의 『향연(Symposion)』을 주제로 표현한 작품이다. 고대 아테네는 심포지엄을 통해 정치, 철학, 사랑 등의 주제로 토론이 진행되었다. 심포지엄의 어원은 "함께 마시다"를 뜻한다. 오늘날 딱딱하고 진지하게 진행되는 심포지엄과는 달리 그 당시 심포지엄은 사람들이 함께 모여 술을 마시며 토론을 즐겼다. 에로스 청동상 오른쪽 아래 고개를 숙인 채 아이보리 가운을 입고 있는 사람이 소크라테스이다.

델포이 신전에 기록된 '너 자신을 알라'라는 문구에서처럼 소크라테스 (B.C. 470-399)는 모든 앎에 대한 궁극적 목표를 인간 자신에 대한 앎으로부터 출발한다.

소크라테스는 그리스의 사상가이다. 당시 그리스는 떠돌이 선생이었던 소피스트의 가르침에 의해 앎을 배울 수 있다고 보았다. 소피스트는 필로소피아(Philosophia, 고대 그리스의 철학)*의 소피아(sophia, 지혜)에서 유래된 말이다. 그 당시 소피스트들은 인본주의적 사상을 지니고 있었다.

소크라테스는 대표적인 소피스트였던 프로타고라스의 '인간은 만물의 척도'를 자신의 철학적 사고의 출발점으로 삼는다. 그러나 프로타고라스의 사상을 그대로 받아들였다는 의미는 아니다. 오히려 프로타고라스를 포함해 동시대인들이 지닌 편견과 아집을 벗어던지게 하여, 자신의 무지를 깨닫게 하고자 하였다. 소크라테스에게 앎은 무지로부터 시작되기 때문이다.

인간을 중심으로 세상을 이해하였던 프로타고라스의 경우, 앎은 이미 인간에게 내재되어 있었다. 그러나 소크라테스는 보편적이고 좋으며 옳음의 가치와 규범은 인간의 인식 밖에 존재하며, 인간의 '자기인식'을 통해 발견하게 된다고 보았다. 또한 소크라테스는 옳은 것에 대해 아는

---

* 고대 그리스 철학인 필로소피아(Philosophia)는 지금의 철학과는 다르다. 현대의 철학은 하나의 제한적이며 전문화된 학문영역을 의미하지만, 그 당시 철학은 인문학과 자연과학 등, 모든 학문영역을 포괄하고 있었다.

(인식한) 사람은 옳은 대로 행동하게 될 것이며 그렇게 행동할 때 행복이 성취된다고 보았다. 이러한 앎은 덕(아레테)을 의미하며, 덕이 곧 앎이다.[34]

소크라테스에게 앎은 세 가지 유형으로 구분된다. 하나는 "있는(-인) 것 what is에 대한 사실적 지식"이며, "마땅히 그래야 하는 것 what should be에 대한 규범적 통찰", 그리고 "진정으로 책임을 지는 통찰"이다.[35] 이러한 구분은 앎을 명료화하기 위한 작업으로 '자기 자신에 대한 인식'은 위의 세 가지 과정을 모두 포괄한다. 앎은 '나는 실재적으로 알고 있는가'에 대한 깨달음이며, '보편적으로 좋은 것에 대한 지식적인 측면에서의 앎'과 마땅히 '행해져야 하는 통찰'을 의미한다.

소크라테스는 "음미되지 않는 삶은 살 만한 가치가 없다"[36]고 보았다. 이는 앎이 그저 이론적인 차원에서 머무르는 것이 아니라 윤리적이고 실천적인 차원에서 행함으로 연결되어야 한다는 것이다. 좋은 교사는 교육학적 지식이 많은 것으로는 부족하다. 먼저 자기 자신에 대한 본질적 깨달음이 있어야 할 것이며 교사로서 보편적으로 알아야 하는 지식이 무엇인가에 대한 통찰과 책임을 갖고 아이들을 잘 가르칠 때 덕(아레테)을 갖게 된다. 예를 들어 음식을 만드는 사람이 음식을 만드는 방법에 대해 잘 알고 있다고 덕이 성취되는 것이 아니라, 좋은 음식을 만들었을 때 덕은 비로소 성취된다. 즉 덕은 각각의 존재의 잠재력을 실현시킬 때 나타난다.

이를 위해 소크라테스는 문답법을 철학적 방법론으로 삼았다. 문답의 과정은 먼저 반어법을 사용해서 내가 무엇을 모르고 있는지에 대해 자신의 무지를 깨닫는 과정이 필요하며, 다음으로는 산파술을 통해 자신이 자각한 무지로부터 다시금 참다운 지식인 합리적인 진리를 끌어내도록 하는 것이다.

소크라테스는 질문을 통해 그들 자신으로 하여금 무지를 깨달아 의식적인 차원에서 성찰하도록 하였다. 이러한 과정은 누군가에 의해 설득 당하거나 믿도록 강요되는 앎의 과정이 아니라, 스스로 깨닫게 하려는 과정이다. 소크라테스는 자신은 누구의 선생도 되어 본 적이 없다[37]고 하였는데, 이는 교육을 가르침의 결과가 아닌 스스로가 참다운 지식을 발견하는 과정으로 이해했기 때문이다.

이러한 소크라테스의 사상과 방법이 갖는 교육적 의미는 교육은 들은 것을 반복하는 과정이거나 누군가에게 배운 대로 알게 되는 과정이 아니라, 자신의 내면으로부터 진정한 잠재력을 끄집어내 성취하게 되는 과정이다. 이를 위해 교육은 정해진 과정에 따라 지식을 전달하기보다 먼저는 아이들이 무엇을 알고 있는지, 무엇을 모르고 있는지에 대한 이해로부터 시작되어야 할 것이다. 또한, 안다고 하였을 때도 자기성찰을 통해 정말로 알고 있는지 깨닫게 해야 한다. 이때 교육은 개인적 차원을 넘어 공동체 속에서 상호 간의 대화를 통해 실천되어야 하며, 이러한 과정은 함께 성장하는 계기를 마련하게 할 것이다.

플라톤(Platon)의 사상과 교육

그리스 아테네의 시민이었던 플라톤(B.C. 427-347)은 아테네와 스파르타의 30년 전쟁 이후, 아테네의 민주정권이 30인 정권으로 변질되자 스승인 소크라테스를 사형에 처한 이 정부를 재건하는 것에 관심을 갖는다. 철인정치를 이상으로 꿈꾸던 플라톤은 국가주의적 관점에서 교육을 바라보게 된 것이다.

그러나 여기서 플라톤이 주장하는 철인정치는 현대사회에서 이해되는 독재적인 권력체제를 의미하는 것은 아니다. 이 시기 정치적 상황은 인간의 생존 문제와 직결되어 있었다. 고대 그리스는 민주주의의 발상지로서 이미 개인적인 자유를 바탕으로 국가가 운영되던 시기였다. 그러나 아테네와의 전쟁의 패배는 시민들로 하여금 기본적인 의식주 문제조차 해결할 수 없는 상황에 놓이게 하였다. 이러한 시대적 상황은 강력한 국가체제의 확립을 정당화하였으며, 정의롭고, 선한 존재로서 철인에 의해 국가가 통치되어야 한다고 본 것이다.

민주정치체제에서 소크라테스의 죽음을 목격한 플라톤은 각각의 개별적 존재는 합리적인 존재가 될 수 없다고 보았다. 더불어 당시 소피스트의 상대주의적 관점은 오히려 정치적인 혼란을 야기한다고 이해한 것이다. 플라톤은 올바른 국가체제를 건설하기 위해 상대성과 다수성으로부터 절대적인 토대가 되는 원리들을 수립하는 작업을 우선시하였으며, 이데아(eidos, 에이도스)를 통해 이 문제를 해결하고자 하였다.

〈소크라테스의 죽음〉(자크루이 다비드, 1786)[*]

　스승이었던 소크라테스가 보편적 규범을 발견하고자 문답과 대화를 통한 '아래에서부터 위로 향해' 나아가는 진리관을 주장하였다면, 플라톤은 이데아라는 형이상학적 이상을 통해 절대적인 것을 먼저 전제하며 '위로부터 아래로 향해' 진리를 찾아가는 과정으로 세상을 이해하고자 한 것이다.

　플라톤은 자신의 이데아론을 '동굴의 비유'를 통해 설명하는 데, 「국가론」에 제시된 이 비유는 플라톤이 생각하는 교육의 본질을 이해하는 단초가 된다. 동굴의 비유를 살펴보면 동굴 속에 사람들이 있는데 그들은 동굴 뒤쪽에 묶여 있는 채로 불을 등진 채 벽만을 바라보고 있다. 그들이 바라볼 수 있는 것은 동굴 벽면에 비친 그림자뿐이다. 사람들은 동굴

---

[*]　위의 그림은 플라톤의 『대화편』을 토대로 구성된 그림이다. 침대에 앉아 독배를 잡으려는 사람이 소크라테스이며 침대 끝에서 체념한 듯 앉아 있는 사람이 플라톤이다.

벽면에 비춰 움직이는 그림자를 실재라고 생각한다. 이때 묶여 있던 한 사람이 풀려나 동굴 밖으로 나가 햇빛을 바라보게 된다. 그 사람은 햇빛에 압도되어 동굴로 돌아가 그가 본 것을 다른 사람들에게 이야기한다. 그리고 그림자들이 만들어 낸 대상을 실재라고 믿는, 묶여 있는 사람들에게 지금까지 실재라고 믿었던 움직이는 그림자가 모상에 불과하다는 것을 말해 준다. 그러나 여전히 세상을 등지고 동굴 벽면에 묶인 채 움직이는 그림자만 바라보고 있는 사람들에게 그의 이야기는 그저 거짓으로 받아들여진다.

〈동굴의 우화〉(얀 산레담, 1604)

동굴의 비유는 단순히 비판적인 측면에서, 그렇기 때문에 모든 인간은 동굴에서 벗어나 빛의 세계로 나아가야 한다는 것을 의미하지는 않는다. 그림에서 의미하는 것처럼 플라톤은 모든 사람이 깨달음을 얻을 수 있는 것은 아니라고 보았다.

플라톤은 깨달음을 얻을 수 있는 존재는 철학자라고 보았다. 따라서 철학자들에 의해 국가가 통치되어야 한다고 본 것이다. 민주정치에 대한 불신이 자리 잡고 있는 플라톤에게 인간은 합리적인 존재이지만 모든 인간이 합리적인 것은 아니었다.

플라톤의 동굴 비유가 말하고자 하는 것은 인간의 지각 가능한 사물 등을 통해 얻은 지식은 가변적이고 불완전하다는 것이다. 이는 진리가 아닌 그저 그림자와 같은 모상일 뿐이다. 플라톤은 인간의 육체와 영혼을 분리하여 생각하였는데 인간의 육체, 즉 감각적으로 얻어진 앎은 진실된 앎이 아니라고 보았다. 자유로운 인간의 이성을 통해 비로소 실제하는 앎을 깨닫게 되는 것이다.

플라톤은 인간의 영혼에는 이미 앎이 내재되어 있다고 보았다. 교육은 이를 상기시켜 주는 과정인 것이다. 따라서 교육은 선천적으로 내재되어 있는 앎을 발견해 내는 과정으로 이해될 수 있다. 그러나 앞에서 언급하였듯이 플라톤은 모든 사람이 자신의 영혼에 존재하는 앎을 상기할 수 있는 능력이 있다고 보지는 않았다. 소수의 사람만이 그러한 능력을 가지고 있는 것이다.

각각의 사람들은 각자 자신에게 요구되는 덕이 다르다. 통치자로서 지배자(철학자)는 지혜의 덕이 요구되며, 행정을 담당하는 관리자(수호자)는 용기의 덕을, 그리고 생산을 담당하는 생산자(노동자)는 절제의 덕이 필요하다.

그러나 이러한 신분의 차이는 자유인으로 존재하는 인간이 태어나기도 전에 미리 결정된 것은 아니다.[*] 플라톤은 출신, 성별과 상관없이 모든 아이는 동등한 대우를 받아야 한다고 보았으며, 10세부터 20세까지 체육과 음악, 그리고 종교를 주요과목으로 동일한 교육을 받아야 한다고 보았다. 비로소 20세 이후 지배자와 관리자, 그리고 생산자로서의 계급이 나누어지는데, 지배자로 분류된 아이들은 20세 이후 50세가 될 때까지 수학과 철학, 그리고 실제 생활 속에 나타나는 문제들을 해결하는 법을 배운 이후 비로소 세상에 나아가야 한다고 보았다.[38] 그의 이론은 비록 각각의 사람들의 신분을 계급화하였다는 한계를 갖지만, 반면 지도자계급의 경우 고도의 엄격한 과정을 통해 다른 구성원들을 통치할 수 있는 권한이 부여되는 것이었다.

플라톤에게 "정의로운 사회는 욕구들을 상호충족시켜 주는 사회"이기도 하다. 분업과 계급분화를 통해 효율적인 방법으로 서로가 서로를 보완해 가며 각자의 욕구를 충족하는 데 참여해야 한다고 본 것이다. 플라톤은 재화의 불균등한 분배로 인한 격차는 사회의 안전을 위협하는 것으로 보았고, 경제적 이해관계를 가진 지배계급은 사적 소유와 가족 생활을 금지하도록 하였다.[39]

플라톤 사상의 교육적 의의는 합리적인 측면에서 감각적인 경험을 통해 알게 되는 앎을 소외시켰다는 한계를 갖지만, 인간에게는 세상을 이

---

[*]   그러나 고대인이 갖는 세계관에 영향을 받는 플라톤의 사상은 여자와 노예를 자유인으로부터 제외시키게 된다.

해할 수 있는 힘이 내재되어 있다고 보았다는 것이다. 이러한 관점에서 교육은 아이들 각각의 내면의 힘을 작동시키는 과정이 되어야 할 것이다.

또한 플라톤의 사상은 인간을 계급화하여 위계화하였다는 비판을 받지만, 모든 아이들에게 똑같은 사람이 되도록 강요하는 교육이 아니라 평등한 기회를 제공하되 각자 자신에게 맞는 역할과 그에 따른 덕을 성취할 수 있도록 하였다는 것에서 의미를 갖는다. 더 나아가 각각의 존재들이 자신의 욕구만을 성취하기 위해 교육을 필요로 하는 것이 아니라, 서로가 서로를 위해 보완해 가는 존재들로서 함께라는 의미를 발견할 수 있게 하였다는 것에서 의미가 있다.[*]

아리스토텔레스(Aristoteles)의 사상과 교육

아버지가 왕실의 의사였던 아리스토텔레스(B. C. 384-322)는 많은 부분 생물학에 영향을 받는다. 그러다 보니 이상주의 관념을 가진 그의 스

---

[*] 여기서 우리가 잊지 말아야 하는 것은, '모든 아이'라고 하였을 때, 노예와 여자는 제외된다는 것이다. 플라톤은 아리스토텔레스보다 여자아이들에게도 교육적 기회를 제공하고자 하였지만, 남자아이들에게 주어진 기회와는 구별된 것이었다. 우리는 서양철학에서 인간을 표현하는 단어인 Man을 통해서도 알 수 있다. 노예와 여자는 인간으로서 인정받지 못한 시대였다.
이러한 상황은 근대적 상황에서도 유효하다. 사실상 노예제가 폐지되고, 여성이 정치할 수 있는 시대가 도래한 것은 20세기 최근에 나타난 현상이기 때문이다.

교육과 철학의 얽힘

승 플라톤과는 달리, 존재의 기반을 사물 세계를 통해 이해하고자 한 것이다. 앞서 소크라테스의 경우 진리를 찾는 과정이 '아래로부터 위로' 향해 나아갔다면, 플라톤은 '위로부터 아래로' 향한 과정이었고, 아리스토텔레스는 그러한 시선을 밖으로 돌린다. 아리스토텔레스는 현실의 사실 세계가 실재하는 것으로 보았다.

〈아리스토텔레스〉(프란체스크 하예즈, 1811)

그는 형이상학적으로 이데아를 발견하고자 하였던 플라톤과는 달리 탐구하는 철학자로서 여러 연구와 자료들을 수집하며 사물 세계를 관찰하고 분류하는 법을 익혀 나갔다. 아리스토텔레스에게 지식에 이르는 방법은 감각기관을 통해 개별적 사물들을 경험하고, 그러한 경험을 통해 본질적이며 보편적인 원리를 통찰해 내는 것이다. 그러나 이러한 탐구의 과정이 지금의 실험연구를 의미하는 것은 아니다. 실험을 통해 의미를 발견하는 작업은 르네상스 시대에 비로소 시작된다.

아리스토텔레스는 전통적인 논리학의 창시자로서 논증적 방법으로 자신의 주장을 펼쳐 나갔다. 그는 자연 세계를 합리적 이성을 통해 분류하고 평가하는 것에 그치지 않고, 로고스적인 측면에서 이상주의를 통해 사물 세계를 이해하고자 한 플라톤의 사상에 대해 논증법을 적용해 비판한다.

아리스토텔레스는 사물 세계의 현상을 이해하기 위해서는 사물에 대한 통찰을 넘어 현상을 현상화하는 원인(카우사, causa)을 알아야 한다고 보았다. 아리스토텔레스가 말하는 원인에는 네 가지가 있다. 목적인(causa finalis), 작용인(causa efficiens), 질료인(causa materialis) 형상인(causa formalis)이 그것이다.

예를 들어 하나의 도자기가 있다. 완성된 그릇으로서 도자기는 바로 목적인이 된다. 이때 도공이 도자기를 만들기 위해 흙이라는 재료를 자신(외부)의 역학적 힘을 통해 변화시키는데 이것이 작용인이다. 다음으로 도자기를 만들기 위해 사용한 흙은 질료인이며, 도자기를 어떠한 형태의 그릇으로 만들 것인가에 대한 시점을 취하는 것이 형상인이다.

이때 형상과 질료에 대한 구분은 현실태와 잠재태로서 설명될 수 있다. 소나무의 씨앗은 지금 현재 단지 씨앗으로 존재하지만, 나중에 소나무가 될 자연적 능력을 갖추고 있다는 것이다. 이것이 잠재태이다. 씨앗은 나무로 성장함에 따라 자연적 능력을 실현시킨다. 이때 비로소 잠재태는 현실태가 된다. 이러한 아리스토텔레스의 형상과 질료에 대한 이론은 인간을 비롯해 생물학적인 측면에서 모든 사물에 적용된다.

인간은 잠재태와 현실태의 혼합체이며 잠재력을 현실화시키고자 하는 존재이다. 아리스토텔레스에게 변화되었다는 의미는 잠재력이 현시화되었다는 것을 의미한다. 인간 내면에는 이미 잠재된 능력이 있고, 성장한다는 것은 그러한 잠재력이 현시된 과정인 것이다. 이러한 관점에서 아리스토텔레스는 비존재(non-being)*의 개념을 회피하며 새로운 것은 무에서 생겨난 것이 아니라 현존하는 능력의 실현으로 보았다.

아리스토텔레스에게 인간의 목적은 인간이 살아가는 사회(공동체) 안에서 최상의 능력을 실현시키는 것에 있다. 이때 최상의 능력을 위해서는 점진적인 사회화 단계가 요구된다. 사회화 단계는 인간이 탄생한 이후 가족에서 마을공동체, 이후 도시국가를 의미한다. 이러한 사회화는 외적인 의미를 넘어서며, 공동체는 인간 자신의 최상의 목적을 실현시키기 위한 조건이 된다. 아리스토텔레스에게 개인은 독립적으로 존재하는 것이 아니라 공동체 속에 존재하는 개인이다. 그러한 관점에서 인간은 사회적 동물이며 정치적인 동물(zoon politikon)이다. 이러한 관점은 플라톤과도 유사하다.

---

* 아리스토텔레스가 회피한 비-존재의 개념은 이후 후기 현대철학자인 들뢰즈에 의해 다시금 의미화된다.

아리스토텔레스에게 좋음은 행복을 의미하며 교육의 궁극적 목적은 행복한 삶(eudamonia)에 있다. 행복한 삶은 앞서 언급하였듯이 사회화의 과정을 통해 최상의 능력을 실현시킬 때 가능하다. 이때 최상의 능력은 중용의 덕을 지켜 내는 이성적 삶을 의미하며 각자가 사회 안에서 자신의 위치를 찾아갈 때 덕은 실현된다.

아리스토텔레스의 사상이 갖는 교육적 의미는, 지금까지 교육이 개별적 아이들의 성과에 초점을 두었다면, 공동체 속에 함께함의 의미를 드러냈다는 것이다. 나만을 위한 최상이 아닌 중용의 덕을 지켜 냄으로써 공동체와 더불어 존재하는 개인의 존재의미를 발견하게 하였다. 교육은 잠재성을 가진 아이들이 자신의 잠재된 능력을 성취해 나아가는 과정으로 이해해야 할 것이며, 한 개인이 아닌 공동체 속에서 함께함의 의미를 발견할 수 있어야 할 것이다.

2. 중세사상과 교육의 얽힘

　시대의 전환은 시간의 흐름에 따른 자연스러운 이행이기보다 혁명적인 수준의 어떠한 사건이 촉발되었음을 의미한다. 고대에서 중세(5세기-15세기)로의 전환은 시대적 요청이었으며, 유지하려는 자와 변혁시키려는 자와의 충돌이 변화의 간극 사이에 존재하였을 것이다.

　고대와 더불어 중세에도 교육학이라는 학문적 영역이 구별되어 나타난 것은 아니다. 교육학은 비로소 근대에 나타나게 된 학문 분야이기 때문이다. 따라서 중세의 교육철학은 사상가들의 이론을 통해 교육학적 의미를 도출해 내는 방법으로 이해될 수 있다. 이를 위해 먼저 중세라는 시대를 이해하는 과정*을 거치고자 한다.

　앞서 고대를 대표하던 소크라테스부터 아리스토텔레스까지 그들의 철학적 배경이 되었던 사회는 소규모의 도시국가였다. 그러나 제국화된 사회에서는 더 이상 플라톤**의 지혜로운 군주도, 아리스토텔레스의

---

* 　그동안 교육철학은 교육학자를 중심으로 전개되는 과정에서 중세에 대한 이해가 미흡했던 것은 사실이다. 이러한 한계는 왜 중세라는 시대가 출현하게 되었는지, 그들의 의식 속에 어떠한 생각들이 담겨 있었는지 이해되기 어렵다. 따라서 다소 철학적인 부분에 치우쳐 표현될 수 있지만, 그래도 중세에 대한 시대적 배경에 대해 자세히 살펴보고자 한다.
** 　플라톤의 『법률』을 살펴보면 도시국가의 적당한 규모는 5,040명의 시민이라고 보았

사회구성원으로부터 정의된 법*조차 한계에 부딪히게 하였다. 물론 플라톤과 아리스토텔레스의 사상은 도시국가에서 제국화된 이후에도 그 생명력은 유효했다. 그러나 그때의 유효는 이상적인 측면에서의 유효이며, 현실적인 차원에서 제국화된 사회를 유지하기 위해서는 또 다른 무언가가 필요했다.

〈카를 대제의 대관식〉(프리드리히 카울바흐, 1891)**

다. 물론 이 수치에는 노예와 여성, 아이가 제외된다. 플라톤은 도시국가의 크기가 너무 작으면 다른 국가에 포섭될 수 있다고 보았으며, 도시국가의 크기가 너무 크면 대규모 집회를 통한 공동체 간의 토론이 어려울 것으로 보았다.

* 그 당시 법은 사회구성원들 간의 자유로운 토론을 통해 만들어졌다. 소크라테스의 죽음도 사회구성원들이 내린 결정이었고, 그 자체로 법으로 인정되었다.

** 위의 그림은 800년 교황인 레오 3세가 카를 대제에게 황제의 관을 씌우고 있는 장면

기원전 4세기 말 새로운 국가(헬레니즘 제국)의 출현은 이제까지 작동시켰던 체제에 혁명적 수준의 변화를 요청하였다. 거대해진 국가는 더 이상 모두가 참여하는 정치라는 것을 불가능하게 하였으며, 문화적, 종교적, 언어적으로 서로 다른 민족들을 한 국가 안에 포함시키게 된다.

정치는 불가피하게 중앙으로 집중되었고, 다양한 민족 집단들을 하나로 통합하기 위해서는 민주적으로 운영되었던 도시국가체제와는 다르게 왕을 신격화해야 하는 상황으로까지 나아가게 한 것이다. 상대적으로 이제 시민은 더 이상 직접 정치에 참여할 수 없는 무력한 존재가 되었다.

이 시기 지배적인 사상으로는 에피쿠로스학파*와 스토아학파**가 있

을 그림으로 표현한 작품이다.

* 우리는 흔히 쾌락을 최고의 선으로 이해한 에피쿠로스학파를 단순히 육체적 욕망을 추구하는 철학으로 잘못 이해하는 경우를 본다. 에피쿠로스(B.C. 341-271)로부터 기원한 에피쿠로스학파는 최고의 선으로 쾌락을 말하고 있지만, 행복을 고통의 부재로 이해한 에피쿠로스학파에게 통제되지 않는 쾌락은 행복을 보장하지 않는다. 따라서 행복한 삶을 위해서는 더 신중한 삶이 요구되는 것이다.

  이들의 사상은 동시대의 정치체제를 작동시키기 위해 개인적인 차원에서의 쾌락을 강조함으로, 공적인 영역으로부터 추방당한 사람들의 비-정치적 활동을 합리화시키는 이론이 된다.

** 스토아학파는 행복을 위해서는 외적 요인들로부터 독립해야 한다고 보았다. 이미 세계는 개인의 힘으로는 통제할 수 없을 정도로 거대해져 버렸고, 외부로부터 행복을 확보하는 것은 개인의 힘으로는 역부족하다고 본 것이다. 따라서 스토아학파는 개인이 통제할 수 있는 범위인 내적 자아로부터 덕스러운 삶을 통해 행복한 삶이 가능하다고 보았다. 스토아학파가 주장하는 유일한 선은 덕을 통해 가능하며, 반대로 덕이 없는 삶을 악으로 보았다. 이때 덕스러운 삶은 이성에 따른 삶을 의미한다.

다. 이들의 논의를 살펴보면 사상적 차이는 분명 있겠지만, 그 중심에 개인의 행복에 대한 근본적인 문제의식을 갖고 있었다. "어떻게 하면 개인을 행복하게 할 수 있을까?" 이러한 문제의식은 그 당시 개인의 삶이 행복하지 않았음을 암시하는 표현이기도 하다. 제국화를 위한 과정에서 나타난 끊임없는 전쟁, 그러면서도 정치적으로 소외된 사람들…. 도시국가에서 공적인 활동영역에 참여했던 사람들이 이제는 사적인 영역에 머물러야만 하는 상황이 된 것이다.

이제 사람들은 공동체로부터 삶의 가치를 실현시켰던 상황에서 벗어나, 공동체와 무관한 각각의 개별적 존재가 되었다. 국가법에 대해서도 더 이상 토론과 다수결 등의 원칙에 따라 법이 결정되는 것이 아니라, 모든 사람에게 동일하게 적용할 수 있는 보편적 법이 요구되고 있는 실정인 것이다.

따라서 이러한 시대적 변화에 부합하여, 국가를 작동시키기 위해서는 보편적이고 규범적인 무언가가 존재한다는 믿음이 필요했다. 그리고 그러한 믿음을 심어 주기에 적합한 종교가 기독교였던 것이다. 로마제국은 기독교를 국교로 지배적인 권력을 작동시키기 위한 장치로 수용하였으며, 그렇게 중세가 고대의 종말과 함께 시작된다.

중세 기독교는 그 당시 모든 사람에게 희망의 종교였다. 정치로부터 소외되며 전쟁으로부터 무력화된 사람들의 고통스러운 삶에 희망이 존재한다는 것을 말해 주었기 때문이다.

헬레니즘 로마제국의 지식인들은 이미 그리스의 철학과 헬레니즘 문화에 영향을 받은 사람들이었다. 그들은 기독교를 국교로 수용하는 과정에서 기독교적 관점*에 전적으로 따르기보다, 자신들의 언어로 성경을 번역하여 동시대의 사상을 통해 기독교를 재해석한다. 이러한 과정에서 나타난 기독교가 가톨릭이다. 가톨릭은 그 당시의 철학적 전통을 그 자체로 받아들였으며 이 또한 신의 창조물로 이론화한다. 따라서 성경 그 자체에 대해 이해보다, 철학의 도움을 얻어 이해하는 과정을 거치게 된 것이다.

기독교 신학의 시작은 이처럼 헬레니즘 철학을 통해 성경에서 말하고자 하는 의미를 동시대의 사람들이 이해할 수 있는 텍스트로 변환시키는 것에 있었다. 초기 기독교는 신플라톤주의의 영향을 받았으며, 이에 따른 영향은 기원후 1200년까지 미친다. 이후 기독교는 13세기 아리스토텔레스의 사상에 영향을 받게 되는데, 이렇게 이론화된 기독교 신학이 로마가톨릭 교회의 지배적인 이론적 체제가 된다.

흔히 중세를 암흑기라 부른다. 중세를 지배했던 사상적 토대가 되는 부패한 기독교에 대해 혹독한 비판이 제기되기도 한다. 기독교와 그리스(헬레니즘) 철학의 만남은 분명 서로가 서로에게 영향을 미쳤을 것이다. 그러나 권력체제의 유지를 위해 정치적 작동체제로 도구화된 당대의 가톨릭을 기독교의 전부인 것처럼 이해해서는 안 될 것이다.

중세 기독교는 정치적 이데올로기로 작동되는 과정에서 평등개념을

---

* 기독교에서 성경에 기록된 하나님의 말씀은 유일한 진리(오직 신앙)이다. 따라서 이교도적인 것은 사실상 그 안에 들어올 자리가 없다.

추구하는 교리가 당대 봉건사상과 만나 사회적 계급을 구조화시키는 결과로 나타나게 된다. 그 과정에서 신앙과 순종을 강제한 교육이 진행되었으며 계급의 정당성을 확보하기 위해, 현재의 삶보다는 내세의 삶을 강조하는 방향으로 변질된다.

이후, 사회의 어두운 그림자를 드리우게 했던 기독교와 이슬람의 종교전쟁(십자군 전쟁, 1095-1291)은 많은 사람을 죽음의 공포에 놓이게 하였다. 그러나 전쟁으로 인해 발달한 항구도시들은 동서 간의 문화교류를 가능하게 하였고, 이후 상공업의 발달은 자생적으로 대학교육을 발달시키는 계기가 된다.

중세교육의 가장 큰 특징은 대학교육에 있다. 세속적 학문에 관한 연구는 그동안 가톨릭을 정신적 기반으로 삼았던 중세사회에 틈을 발생시켰으며, 그러한 틈으로 다시 고대 문화를 부활시키게 된다.

고대가 그랬듯, 중세도 어느새 변화의 시점에 놓여 있었다. 고대 문화에 대한 부활은 르네상스(14세기-16세기) 시대가 도래하였음을 의미한다. 르네상스는 중세와 근대로의 간극에 위치한다.

이때 르네상스는 단순히 예술적인 변화만을 의미하는 것은 아니다. 그동안 기독교를 중심으로 신 중심의 내세적인 삶을 살아야 했던 사람들이 중세로부터 벗어나 현세적인 삶에서의 의미와 행복을 추구하게 된 것이다.

르네상스는 근대사회를 도래하게 하는 기반이 되었으며, 기독교를 중심으로 하였던 세계관은 인간존재의 회복을 위해 인문주의(humanism)

적 사상으로 변모하게 된다.

이하에서는 르네상스 이전의 중세시대를 이해하기 위해 아우구스티누스의 사상을 통해 교육적 의미를 발견하고자 한다. 아우구스티누스의 사상은 중세와 더불어 르네상스(14세기-16세기) 이후까지도 이해하는 배경이 될 것이다.

아우구스티누스(Aurelius Augustinus)의 사상과 교육*

르네상스는 중세시대의 종말과 근대로의 이행에 있어 중요한 역할을 했던 14세기부터 16세기에 나타난 문화혁신 운동이다. 르네상스는 중세철학으로부터 벗어나 고대 그리스문화를 부활시킨다. 그러나 이때의 회귀는 단순히 과거로 돌아가려는 과정은 아니다. 재인식과 재수용의 과정이었기 때문이다. 르네상스는 시대의 정신운동이라고도 불리는데, 과거

---

* 아우구스티누스의 사상은 그의 기독교적 삶이 이해되지 않으면 그가 본질적으로 말하고자 하는 의도가 간취되기 어렵다. 그럼에도 이 책에서는 그의 신앙적 방황과 회심 등에 관한 기독교적 삶에 대해서는 최소한으로만 설명하고자 한다. 그러한 이유는 아우구스티누스의 사상이 갖는 의미가 종교적 측면에 가려져 세상 사람들에게 편견(다른 차원의 이론이라는)을 갖게 하기 때문이다.

  흔히 기독교적인 사상을 가지고 자신의 이론을 전개했던 사상가들의 주장이 세상의 울림이 되기 이전부터 배제되는 경우들을 발견하곤 한다. 어쩌면 기독교인으로서의 삶을 우선시하였던 아우구스티누스는 오히려 기독교인으로서 받는 억압에 대해 환대할 수도 있겠다. 그러나 저자는 아우구스티누스의 사상이 기독교인들을 넘어 보편적인 사람들에게도 의미 있는 사상으로 다가가길 기대해 본다.

그리스문화를 통해 인간중심(人間中心)의 정신을 되살렸기 때문이다.

아우구스티누스(354-430)는 이보다 훨씬 이전에 살았던 사상가이다. 그럼에도 아우구스티누스의 사상은 중세로부터 르네상스로의 이행, 그리고 근대와 현대까지도 관통한다.

〈성 아우구스티누스〉(산드로 보티첼리, 1480)

아우구스티누스는 때로는 퇴폐적이라고 말할 정도로 쾌락적인 삶을 살았으며, 마니교라는 이교도에 빠지기도 하였고, 허무주의와 당대의 주류였던 신플라톤주의에도 귀 기울였던 사상가이다. 그러한 과정에서

교육과 철학의 얽힘

아우구스티누스는 자신을 확신시켜 줄 만한 사상을 발견하고자 하였다. 그러나 마니교는 퇴폐적인 삶을 살았던 자신의 삶을 도덕적으로 이끌어 주지 못했다. 그리고 영적인 것을 실재한다고 보았던 신플라톤주의에 대해 그의 공감과는 별개로, 합리성 사유가 옳은 행위를 이끌 거라는 설득에 대해서 모순점을 발견하게 한다. 자신의 삶을 돌아보았을 때, 옳다고 생각했던 것들이 옳지만은 않았던 경험을 하였기 때문이다.[40]

그런 그에게 기독교인들은 비록 자신이 보기에 이론적으로 합리적이지 않더라도, 도덕적인 삶을 살아가는 사람들이었다. 그 시점에서 암브로시우스(대략 340-397)*의 강론은 그를 기독교인이 되게 한다. 아우구스티누스는 끊임없이 합리를 찾는 사람이었으며, 도덕적인 삶을 살고자 실천적인 차원에서 고민을 가진 사상가였다. 이러한 점은 이성적인 측면에 치우친 동시대 사상가들과의 차이이기도 하다. 그런 그에게 기독교인들의 실천적인 삶의 모습과 암브로시우스의 설교는 이론적인 측면에서 그의 이성을 설득시켰다.

교육은 인간에 대한 이해가 선행할 때 비로소 가능하다. 아우구스티누스에게 인간은 신의 형상에 따라 창조되었으며 구원받은 존재로서 만물의 중심에 위치한다. 이는 인간존재의 인식론적 우월성을 의미한다. 인간이 경험을 통해 알게 되는 앎은 인식주체와 경험하게 되는 사물(객체) 간의 차이로 인해 불확실한 앎을 주기 때문이다. 예를 들어 인간

---

* 암브로시우스는 법률가이자 가톨릭 주교였다. 그는 법률과 수사학 등 여러 분야에 학문적으로 능통한 사람이었다.

이 인식적 차원에서 코끼리를 인식하는 순간, 코끼리는 코끼리로 존재하게 된다. 반면 인간과 코끼리가 감각적 경험을 통한 만났을 때는 인간과 코끼리는 서로 다른 존재로 존재하기 때문에 동일성을 갖기 어렵다.

인식론에 대한 문제는 그리스 시대를 거쳐 고대에도 매우 핵심적인 문제였다. 그러나 아우구스티누스는 "우리는 무엇을 알 수 있는가"에 대한 인식론적 물음에 "우리는 무엇을 믿을 수 있는가"에 대한 문제를 덧붙인다. 그 당시 기독교인들은 이성과 철학을 통해 기독교 신앙을 정당화하려는 시도에 대한 비판적 논의가 있었다. 오히려 이성을 배제시켜 "나는 그것이 터무니없기 때문에 믿는다(credo quia absurdum)"라고 표현한 테르툴리아누스의 주장처럼 신앙을 세속적인 지혜로 이해하려는 것은 무의미하다고 본 것이다. 그러나 아우구스티누스는 "나는 이해하기 위해서 믿는다(credo ut intelligam)"라고 주장한다. 이는 믿음으로 말미암아 비로소 사유가 가능해진다는 것을 의미한다. 아우구스티누스는 믿음이 없이는 본질적인 측면을 바라볼 수 없다고 보았다.[41]

이러한 이해는 현대철학에서도 주 논점이 된다. 예를 들어 과학의 발전은 그동안 객관화시킨 것에 대한 오류를 발견하게 하였다. 이러한 오류는 결국에는 해체주의적 측면에서 아무것도 확실한 것은 없다는 허무주의로 나아가게 한 것이다.

사실상 지금까지 인식의 결과는 믿음으로 인한 이해였다고 볼 수 있다. 단적으로 수학에서 허수는 실재하지 않는 수이다. 그러나 허수가 실재한다는 믿음은 수학에 대한 더 많은 이해를 가능하게 한다. 아는 것은 믿음에 의한 결과이지, 알기 때문에 믿게 된 것이 아니라는 의미이다.

그 당시 회의주의자들 역시 확실한 지식이라는 것은 불가능하다고 보았다. 그러나 아우구스티누스는 확실한 지식의 가능성을 보여주면 이를 반박한다. 데카르트의 유명한 경구 "나는 생각한다, 고로 존재한다(cogito ergo sum)"는 흔히 데카르트가 창조해 낸 표현이라 생각되지만, 이 말은 1200년 전 아우구스티누스에 의해 먼저 언급된다.

아우구스티누스는 우리가 경험하게 되는 모든 것이 아무리 의심스러워도, 결국 우리 자신이 존재한다는 사실은 의심할 수 없다고 보았다. 의심하고 있는 나는 반드시 존재하고 있는 것이다. 이러한 논리를 확대하면 존재를 넘어 생각하는 것, 느끼는 것, 안다고 여기는 것 모두 존재하게 된다. 나의 존재에 대해, 내가 의심한다는 것에 대해, 내가 누군가를 사랑한다는 것에 대해, 이 모든 것에 내가 인식하고 있다면, 나는 확실한 지식을 갖고 있는 것이다. 이를 위해 아우구스티누스는 수학을 예로 드는데, 2+4=6을 확실한 지식으로 설명하며, 아무리 의심하여도 2+4가 6임을 인정하지 않을 수 없다고 보았다.

아우구스티누스는 감각적 세계를 인식하게 되는 내적 세계인 정신적 삶을 중요하게 여겼다. 그와 더불어 인간의 의지 역시 매우 중요하다고 보았다. 아우구스티누스에게 인간의 의지는 정신적인 삶에서 중요한 위치를 차지하며, 인간의 이성보다도 의지가 우선한다. 이러한 그의 생각은 합리적인 사유가 강조되었던 당대에 감정의 중요성을 역설하는 것으로 지성주의적 세계관과 대립되는 시점이기도 하다. 아우구스티누스에게 믿음은 참이어서 믿게 되는 것이 아니라, 열정적으로 충성 되게 어떤 것이 참(진리)이라고 주장되는 것이라 보았다. 이러한 관점은 후기 현대철학자인 바디우의 진리관과도 연결된다.

그 당시 그리스적 의지 개념은 지성주의적으로 이성이 의지에 우선한다는 관점이었다. 그러나 아우구스티누스는 이를 전복시켜 의지가 이성을 우선한다는 주지주의적 관점을 주장한다. 이러한 주장은 인간의 이성과 함께 감정의 중요성을 언급하는 것이며, 더 나아가 감정이 윤리적인 측면에서 큰 가치를 가지고 있다고 본 것이다. 따라서 좋은 사람은 합리적이고 이성적인 사람이기보다, 사랑과 연민 등의 감정을 가질 수 있어야 한다고 보았다.

이러한 아우구스티누스의 사상은 실천적인 부분을 그저 형식적인 차원에서 제시하는 지금의 교육을 다시 바라보게 한다. 아우구스티누스의 올바른 삶에 대한 깨달음은 실재적인 삶에 있었다. 도덕적인 삶을 보여 준 그리스도인들은 그 자체로 아우구스티누스를 회심시키기에 충분했다. 더 나아가 합리적인 측면도 간과되어서는 안 된다. 지금의 교육은 실천이 중요시되면서 이론적인 것조차 형식적인 것으로 치부되는 경우를 종종 발견하게 된다. 그러나 인간존재는 본질적으로 이성적인 존재이다. 이성적으로 이해될 수 없는 앎은 깨달음을 주지 못한다.

더 나아가 아우구스티누스는 인간 의지의 중요성을 강조한다. 사실상 후기 현대사회에 확실성에 대한 의심은 오히려 허무주의로 나아가게 하였다. 그러나 교육을 재의미화할 때 교육은 확실하기 때문에 가르치고 배우는 것이 아니라, 배우고자 하는 의지로 인해 배우게 되는 것이다. 확실성은 아이들에 의해 결정되는 것이다. 지금의 교육은 배워야 할 것을 교육과정에 따라 교사가 미리 결정하여 아이들에게 전달한다. 그러나 그러한 확실성은 교사가 느끼는 확실성이지 아이가 느끼는 확실성은 아니다. 자기 의지로부터 시작된 교육일 때 아이들은 교육에 대한 충실함으로 나아갈 수 있을 것이다.

3. 근대사상과 교육의 얽힘

근대(17세기-현재까지)는 중세와 르네상스를 지나 신에 대해, 그리고 신학에 대해 문제의식을 갖게 된 시기였다. 중세 말 코페르니쿠스(1473-1543)가 주장한 지동설은 그동안 천동설을 믿었던 기독교적 세계관에 대한 문제의식을 갖게 하였고, 완전성을 추구하였던 사유체제를 뒤흔들기에 충분했다. 이제 사람들은 신에 대한 절대성을 의심하게 된 것이다.

근대 초기 대응에는 이러한 문제의식에 대해 다시금, 신을 중심으로 인간의 이성을 설득시키려는 과정으로 전개된다. 그러나 과학의 발달과 계몽주의 사조의 등장은 신의 자리에 이성을 위치시켰으며, 신 중심 세계관에서 벗어나 이성만으로 세상을 이해할 수 있다는 신념을 갖게 하였다.

정치적으로는 십자군 전쟁 등으로 인해 교황의 권위가 상당히 약해져 있는 상황이었다. 교황의 권위 약화는 반대로 절대왕정체제를 확고하게 자리 잡게 하였으며, 이제 국가권력은 중앙으로 집중된다. 제국화된 국가를 작동하기 위해 도구화되었던 가톨릭은 내부로는 자체적인 부패로, 외부로는 절대왕정체제를 유지하기 위해 경계해야 하는 대상이 되었다. 쉽게 표현하자면 기독교는 더 이상 효용 가치가 없어진 것이다.

이후 입헌군주제로 정치체제의 변화를 경험한 영국과는 달리 프랑스는 절대왕정체제를 유지하려는 과정에서 합리성에 대한 비판이 제기된다. 이 시기 프랑스의 통치자는 루이 14세(1638-1715)였다. 프랑스는 이미 변화의 임계점에 놓여 있었고, 혁명은 불가피한 것이었다.

〈민중을 이끄는 자유의 여신〉(외젠 들라크루아, 1830)

그렇게 1789년 프랑스 혁명이 일어난다. 상공업의 발달로 부유해진 중산계급의 시민들은 인간의 권리와 자유를 지지해 줄 로크의 사상을 무기로 절대왕정과 귀족들에 맞섰으며, 전통에 대항하여 인간의 이성을 전면에 내세운 투쟁을 시작하였다.

이렇게 근대는 권력체제를 유지하려는 자와 변혁을 꿈꾸는 자와의 충돌이 나타난 시기이며, 그러한 배경에 과학의 힘이 있었다. 그 당시 프랑스에서는 영국의 입헌군주체제를 정치적 모델로 삼아 뉴턴의 과학이론과 로크의 사상을 전폭적으로 받아들인 상태였다. 그렇게 과학과 더불어 새로운 지성의 시대가 도래하게 된 것이다.

근대 계몽주의의 인간존재에 대한 믿음과 더불어 인간 이성의 합리성에 대한 믿음은 지금도 유효한 사상적 배경이 된다. 근대는 교육학이라는 학문을 새롭게 등장시켰으며, 인간의 무지함을 계몽시키기 위해 국가적 차원에서 학교가 작동하게 된다.

데카르트(René Descartes)의 사상과 교육

르네상스는 고대 문화를 복원하려는 노력과 더불어 스콜라주의에 따른 신 중심 세계관에 대한 비판이 제기되던 시대였다. 그러한 상황에서 형이상학적 계보를 이어 나간 사상가들이 있는데, 바로 데카르트(1596-1650)이다. 데카르트는 신 존재 증명을 통해 이전 것을 지켜 내면서도 새롭고 확실한 토대 위에 자신의 사상을 위치시키고자 하였다.

데카르트는 중세인이면서도 근대로의 이행에 결정적인 역할을 한 사상가이다. 그 당시 철학은 뉴턴의 과학적 성과로 인해 인간의 이성을 향한 관심이 새롭게 나타나던 시기였다. 철학 역시 과학화가 시도되고 있었다.

〈르네 데카르트와 크리스티나 여왕〉*

　데카르트는 동시대인으로서 논란이 되는 전통적인 철학적 접근에 대한 문제의식을 갖고 있었고, 수학적인 방법을 통해 합리성을 도출하고자 하였다. 수학적 연역체계를 통해 철학적 사유를 시도하게 된 것이다. 그러나 이 당시 수학과 논리학은 확실한 토대를 가지고 있더라도, 실재에 관한 학문과는 구별되어 있었다. 데카르트는 수학 그 자체가 아

---

*　위의 그림은 데카르트가 스웨덴의 크리스티나 여왕(1626-1689)에게 천문학을 가르치고 있는 장면이다. 크리스티나 여왕은 데카르트에게 일주일에 세 번씩 매일 새벽 5시에 자신을 가르쳐 달라고 요구하였다. 그러나 데카르트는 아침에 일찍 일어나는 것을 힘들어했던 사람으로도 유명하다. 몸이 약했던 데카르트는 여러 가지 상황과 스웨덴의 추운 날씨로 인해 폐렴에 걸려 1960년 사망하게 된다.

닌, 수학적 연역체계를 방법으로 철학적 사유를 시도한다. 수학적 방법을 통해 철학의 완전한 체계를 새롭게 세울 수 있을 거라 믿었다.

이를 위해 데카르트는 가장 의심할 수 없는 확실한 명제를 탐구하기 시작한다. 전제가 불확실하면 과정이 합리적이어도 참인 결론에 도달할 수 없기 때문이다. 중세의 끝자락에서 데카르트는 합리적이라 믿었던 그동안의 명제들을 의심하기 시작한다. 더 이상 의심할 수 없는 것이 나타날 때까지 끊임없이 의심하고자 한 것이다. 그러한 과정에서 데카르트는 인간의 사유 과정이 결코 합리적이지 않다는 것과 인간의 감각은 종종 인간을 속인다는 것을 발견한다. 더 나아가 인간은 꿈과 환영으로부터 시달리는 존재라는 것이다.

데카르트에게 의심하고 의심하는 과정은 자신의 철학적 방법조차도 의심하는 과정으로 나아가게 하였다. 결국 그에게 남은 건, 의심하고 있는 나란 존재였다. 데카르트는 그러한 결과를 자신의 철학으로 받아들인다. 모든 것이 실제가 아니라고 해도 의심하고 있는 자신을 의심할 수는 없기 때문이다. 그리하여 "나는 생각한다, 고로 나는 존재한다(cogito, ergo sum)"라는 명제가 제기된다. 가장 근본이 되는 확실한 명제인 의심하고 있는 인간존재가 드러난 것이다.[42]

문제는 중세와 근대의 간극에 존재하였던 데카르트에게 형이상학적 관념체제는 포기할 수 없는 것이었다. 자신의 불완전성을 깨닫고 있었던 그는 이상적인 무언가가 존재해야만 한다고 보았다. 완전한 것은 완전한 것으로부터 가능하기 때문이다. 데카르트는 불완전한 인간으로부터 나타난 앎은 완전한 앎이 될 수 없다고 보았다. 이러한 문제를 극복하고자 데카르트는 신의 존재를 증명하려는 과정으로까지 나아간다. 비록 현대에 와서 신을 자신의 철학적 토대로 삼은 데카르트의 이론이 한계로 제시되지만, 그는 끊임없이 의심을 하는 자신을 바라보며, 인간은 완전성의 원천이 될 수는 없다고 보았다.

신은 존재한다. 완전한 실재라는 것이 존재한다면 그러한 완전함은 완전함으로부터 가능하기 때문이다. 불완전함에서는 완전함이 나올 수 없다. 따라서 "신은 실재한다"라는 데카르트의 또 하나의 명제가 탄생된다.

그러나 또 다른 문제가 있다. 데카르트에게 중세 형이상학적인 측면에서 영혼을, 근대 기계론적이며 유물론적 차원에서 육체를 설명하고 있는 두 이론의 충돌은 불가피한 것이었다. 이러한 접근으로는 영혼과 육체 간의 상관관계를 설명해 낼 수 없기 때문이다. 이에 데카르트는 영혼과 육체를 분리시켰으며 그에 따른 심신 이원론을 주장하게 된다. 영혼은 이성적인 것으로 물질적인 차원보다 우위에 위치하며 감각적인 경험은 이성적인 검증을 거쳐야 한다고 보았다.

이러한 데카르트의 이론은 형이상학은 물론 인간 이성에 대해서도 의미화하고 있음을 살펴볼 수 있다. 데카르트의 이성에 대한 신뢰는 근대로의 이행에 있어 사상적 토대가 된다.

데카르트의 사상으로부터 교육적 의미를 살펴보면, 그동안 역사는 하나의 상황과 대립되는 상황 속에 극단으로 치닫는 경우를 종종 바라보게 된다. 정신과 육체에 대한 데카르트의 갈등, 이후에서 살펴볼 이성과 경험에 대한 논의가 그렇다. 그러나 우리는 이미 그러한 극단이 갖는 한계를 역사성을 통해 경험하였다. 여전히 중세인이기도 하였던 데카르트의 이론이 갖는 한계는 분명하지만, 그러한 이론(심신 이원론 등)을 포기할 수 없었던 데카르트의 심중을 파악하는 것도 중요할 것이다.

교육도 마찬가지다. 혁신적인 교육적 시도에도 극단으로 치닫는 혁신은 불가피하게 한계에 부딪히게 된다. 역사는 우리에게 반성할 기회를 제공한다. 따라서 혁신적인 변화 이전에, 끊임없이 지금의 교육을 의심하고 의심하는 과정, 즉 반성하는 과정이 필요할 것이다.

로크(John Locke)*의 사상과 교육

로크(1632-1704)는 대학에서 철학과 의학, 자연과학을 공부했으며, 데카르트와 베이컨 사상에 영향을 받은 사상가이다. 로크는 앎의 근원을 경험으로 보았다. 인간이 생각하거나 지각하는 것, 의식의 전체 내용을 함축하고 있는 관념은 로크가 보기엔 본유적인 것이 아니었다. 영혼은 아무것도 쓰여 있지 않은 백지와 같은 것으로 관념들은 경험에서 나온다고 주장한다. 로크에게 경험 이전의 인간은 빈 서판과도 같은 존재인 것이다.

---

* 출생일이 코메니우스보다 늦은 로크를 코메니우스보다 앞서 서술한 이유는 그들의 사상적 흐름 때문이다.

로크는 경험을 두 가지로 구분한
다. 하나는 외재적으로 감각적 경험
을 통해 지각되는 '감각'이며, 다른 하
나는 내적으로 심적 상태를 통해 지
각되는 '반성'이다. 인간의 관념은 단
순 관념과 복합 관념들이 있는데, 단
순 관념이 단일한 감각을 통한 경험
들과 반성들을 결합하는 과정이라
면, 이러한 단순 관념들이 연합하는

〈존 로크〉(고드프리 넬러, 1697)

과정을 거쳐 복합 관념들이 생성된다. 단순 관념들은 순간 나타났다 사
라지는 것이 아니며 인간의 정신에 인상을 남긴다. 인간의 정신활동은
이처럼 단순 관념이 다른 관념들과 결합되거나 연합되는 과정에서 나
타나게 된다.[43]

이때 단순 관념은 객관적인 타당성을 가진 관념(제1 성질)과 주관적
인 타당성을 가진 관념(제2 성질)으로 구분된다. 제1 성질은 물체 자체
내에 존재하는 수, 형태, 연장, 운동, 고체성 등 물체 고유의 성질을 의
미한다. 제2 성질은 색, 냄새, 맛, 온도 등 인간에 의해 만들어진 관념들
을 의미하며 이러한 성질은 물체 내에 실제로 존재하는 것은 아니다. 로
크는 데카르트의 본유관념(本有觀念)을 비판하며, 오성(悟性: human
understanding)을 통해 세상을 이해할 수 있다고 보았다. 오성은 외재
적인 '감각적 경험'과 내부적인 '마음의 작용'과의 관계, 다시 말해 단순

관념이 복합 관념으로 나아가는 과정을 의미한다.[44]

로크는 아동기를 감각 경험을 통해 관념을 형성하는 시기로 보았다. 아동기의 경험은 이후 마음의 작용을 숙고하게 하는 배경으로 작동된다. 이때 단순 관념들은 수동적인 입장에서 수용되며, 수용된 이후에는 능동적으로 다양한 방법을 통해 행위하게 한다. 이처럼 아동기의 감각 경험은 기억(인상)으로 남아 복합 관념을 통해 정신활동을 가능하게 한다. 따라서 로크는 아동기의 경험을 매우 중요하게 여겼다. 아이들의 타고난 자질과 성향보다도 환경적 요인에 따라 나타나게 될 경험의 차이에 의미를 둔 것이다.

로크는 교육을 위해서는 정신과 육체가 조화로운 방향으로 나아가야 한다고 보았으며, 감각 경험과 반성적 경험을 위해서 건강한 신체를 중요하게 여겼다. 건강한 신체에서 비로소 건강한 마음이 깃든다고 본 것이다.

이러한 로크의 사상이 갖는 교육적 의의는 아이들의 존재를 확정지어 이해하기보다는 그 자체로 백지상태로 이해하였다는 것이다. 이는 가능성을 가진 존재로서 아이들을 이해하게 하였다는 것에서 의미가 있다. 또한 "건전한 신체에 건전한 정신이 깃든다(Man sana in corpore sano: A sound mind in a sound bady)"는 그의 주장에서 살펴볼 수 있듯이 지식 위주의 형식화된 교육에서 벗어나 신체가 갖는 의미를 발견하게 하였다. 몸과 마음을 분리하지 않고, 교육을 가능하게 하는 원천으로 몸을 보게 하였으며 정신과 육체가 조화로운 방향으로 나아가야 함을 깨닫게 하였다.

코메니우스(Johann Amos Comenius)의 사상과 교육

데카르트와 동시대를 살았으며, 베이컨의 경험주의 사상에 영향을 받은 코메니우스(1592-1670)는 범지학(汎知學, Pansophin)을 통해 자신의 교육철학을 정립한다. 범지학은 모든 과학과 학문을 통합하는 범과학(universal science), 범우주적 지혜(universal wisdom), 백과사전적 지식(encyclopaedic knowledge)을 의미하며 신과 자연, 그리고 예술에 대한 총체적인 지식을 지칭한다.[45]

〈요한 아모스 코메니우스〉(페테르 파울 루벤스, 17세기)

코메니우스는 교육을 특수한 인간계층에게 필요한 것이 아니라 모두에게 필요한 것으로 보았다. 따라서 교육내용은 인간의 삶 전체를 포섭할 수 있는 내용으로 구성되어야 할 것이다.

로크의 경우 학교교육(Schools)은 아이들 각각의 개성을 억압시키므로 개인 교사에 의해 교육이 실천되어야 한다고 보았다면, 코메니우스는 학교 교육을 통해 모든 아이에게 교육을 실천해야 한다고 주장한다. 이러한 차이는 그들의 교육적 대상에 있다. 로크의 교육이 귀족을 중심으로 한 교육이었다면, 코메니우스는 남녀, 신분, 빈부의 구별 없이 모든 아이에게 평등한 교육을 실천하고자 하였기 때문이다. 이러한 코메니우스의 교육관은 당시, 만인 평등이라는 종교적 신념에서 비롯된다. 그의 평등사상은 이후 많은 교육학자에게 영향을 준다.

감각적 실학주의자로서 코메니우스는 직관을 중요하게 여겼다. 코메니우스는 언어교육에만 치중된 그 당시 교육에서 벗어나 자연을 통한 교육을 강조하며 사물 그 자체에 대한 지식교육의 중요성을 주장하게 된다. 언어 이전에 사물이라는 자연주의 교육을 추구하고자 한 것이다. 코메니우스에게 언어는 단지 수단일 뿐 그 자체로 교육의 목적이 될 수 없다.

코메니우스에게 교육은 직관을 통해 사물의 본질을 알아가는 과정으로, 교육은 인간의 자연적인 본성에 따라야 하며 철저하게 자연에 거스르지 않아야 한다고 보았다. 교육방법도 자연현상으로부터 도출하며 유추해 가는 과정으로 진행되어야 한다고 본 것이다.

인간의 자연 본성에 따른 교육을 중요시한 코메니우스는 그림을 통해 교육하는 것이 자연 본성에 합당하다고 보았다. 이러한 생각은 언어로만 기록되어 있었던 라틴어책에 그림을 첨가하여 재편집하게 하였고, 그러한 과정을 통해 「세계도회(Orbis sensualium pictus, 1658)」를 집필하게 된다.

코메니우스는 인간의 삶과 연결된 교육, 사물과 연결된 교육, 직관을 통한 교육을 중요시하였으며, 교육은 항상 아이들의 경험에서 출발해야 한다고 보았다. 그림을 통한 교육도 이러한 맥락에서 사물에 대한 직관적인 파악을 위한 시도였다. 아이들로 하여금 직관적으로 사물을 이해하고 직접 말로 표현할 수 있도록 한 것이다.[46]

코메니우스의 교육사상은 「대교수학(Didatica Magna, 1632)」을 통해 살펴볼 수 있는데, 대교수학은 어머니 무릎 학교, 모국어 학교, 라틴어 학교, 대학으로 구분된다. 어머니 무릎 학교는 가정교육으로 6살 이전의 아이들에게 해당된다. 이때의 교육은 자연학(physica)을 통해, 삶 속에 흔히 볼 수 있는 자연 사물들을 교육하는 것이다. 이 과정에서 아이들은 생활 속에서 발견하게 되는 사물의 개념과 용도, 외적 형태 등을 배우게 된다. 이와 관련하여 코메니우스는 「유아교육 안내서」와 「세계도해」를 집필한다. 모국어 학교의 경우 7-12세의 아이들을 대상으로 한 학교 교육이다. 모국어 학교는 6개의 학년으로 이루어졌으며, 각 학년에 따라 교재를 통한 교육이 진행된다. 이때의 교육은 대중화되고 의무화된 교육으로써 범지학적 사상에 따라 모든 것을 모든 사람에게 가르쳐야 한다고 보았다.

이러한 코메니우스 사상의 교육적 의미는 인위적이고 강압적인 교육에서 벗어나 자연의 원리를 활용한 '합자연의 원리'를 추구하였다는 것이다. 교육방법으로는 인간의 자연적인 본성에 따른 교육을, 교육내용은 아이들의 생활(삶)과 연결된 교육으로 직관을 통한 교육을 추구하였다는 것에서 의미를 갖는다.

또한, 코메니우스는 언어교육으로 제한된 접근에서 벗어나, 지식, 덕성, 신앙이 조화를 이룬 전인(全人)교육을 추구하였다. 전인적인 성장을 교육의 목표로 추구한다는 점은 지금의 교육과 맥을 같이한다. 그러나 신앙의 측면을 중요시한 코메니우스의 사상과는 달리, 지금의 교육은 인간의 영성을 배제시켜 왔다. 인간은 본능적으로 초월적인 무언가를 믿고자 하는 영성이 내재된 영적인 존재이다. 따라서 교육은 아이들을 이해하기 위한 과정에서 아이들에게 내재된 영성에 대한 고민이 있어야 할 것이다.

루소(Jean-Jacques Rousseau)의 사상과 교육

루소(1712-1778)는 계몽주의에 영향을 받은 사상가이면서도 계몽주의를 비판적으로 바라본 사상가이다. 그 당시 교육은 인간의 이성을 올바르게 사용할 수 있도록 하는 것에 있었으며, 자율적인 사고를 통해 삶을 형성해 나아가도록 도와주는 과정이었다.[47]

근대교육의 특징은 자연주의, 합리주의, 실리적 현세주의 측면에서

교육과 철학의 얽힘

이해될 수 있다.[48] 자연주의를 추구하는 철학자로는 루소가 대표적이다. 루소는 기존의 관습적인 권위를 비판하였으며, 아이들의 자연성인 본성에 맞는 교육내용과 방법이 진행되어야 한다고 보았다.

합리주의에서는 이성을 사실상 종교적 신앙에 이를 정도로, 인간의 삶의 모든 문제를 이성의 힘을 통해 해결하고자 하였다. 대표적인 사상가로는 디드로와 볼테르가 있다. 그 당시 계몽주의는 인간의 이성에 도취되어 있었다. 진보적 입장에서 미래에 대한 낙관적인 태도가 극단의 형태를 띠고 있었던 것이다. 그러나 루소는 동시대 사상가들과는 달리 '이성'의 함양보다는 '감정'의 함양을 주장하며, 개인과 자기 이익에 대한 추구보다는 공동체와 보편적 의지의 중요성을 주장한다.

실리적 현세주의는 과거 중세시대에 강조되었던 내세주의에 대한 대립으로, 현실 세계의 구체적인 행복을 추구하려는 관점이다. 이 당시 와트가 발명한 증기기관(1765)을 비롯해 자연과학이 보여준 성과는 1차 산업혁명을 도래하게 하였고 사람들로 하여금 삶의 편리함과 윤택함을 추구하게 되는 배경이 된다.

계몽주의는 절대주의와 귀족정치, 그리고 성직자의 특권에 대한 투쟁의 무기였다. 전통과 특권에 의해 조장된 인간의 무지를 계몽함으로써 인간의 문명이 진보될 수 있다고 본 것이다. 그러나 루소는 이러한 문명을 비판적인 시선으로 바라보았다. 문명과 과학이 인간의 삶을 인위적으로 변질시켰다고 이해한 것이다. 그러한 맥락에서 루소의 그 유명한 경구인 "자연으로 돌아가라"라는 주장이 선언된다.[49]

〈압연공장/Eisenwalzwerk〉(아돌프 멘첼, 1875)*

   그러나 이러한 루소의 사상을 계몽주의와 대립적인 측면에서 이해해서는 안 된다. 루소 역시 그 시대의 이데올로기에 영향을 받은 사상가이기 때문이다. 루소가 말하는 자연은 원시적 세계를 의미하는 것은 아니다. 인간은 근본적으로 사회와 연결된 존재이기에, 다만 루소는 사회와 인간의 점진적인 발전을 재구성하고자 하였다.

   루소의 교육은 먼저 사회로부터의 분리로 시작된다. 인위적으로 구성된 문명에서 수동적으로 따라야 하는 교육이 아닌, 자연성을 가진 아이들이 자연스럽게 자랄 수 있도록 한 것이다. 루소는 자연에 따르는 교육이야말로 인간의 삶을 가장 자유롭고 행복하게 한다고 보았다. 그에

---

*   위의 그림은 아돌프 멘첼이 그린 역사화다. 그림은 산업화된 시대를 배경으로 철강공장에서 일하는 노동자들의 모습을 그림으로 표현하였다. 이 당시 노동자들은 철저히 타자화된 삶을 살고 있었다.

따라 교육목적과 내용, 그리고 방법까지도 자연의 원리에서 찾아야 한다고 보았다. 교육은 아이들의 자연적인 흥미와 생활 속에서 나타나야 하는 것이다.

『고백록』에 실린 〈루소의 어린 시절〉(모리스 를루아르, 1889)

이때 루소가 말하는 자연은 외부적인 자연 세계와 더불어, 인간의 심리적이며 내면적인 측면에서의 자연도 포함된다. 인간의 내면적인 측면에서의 자연은 본능적인 심리상태를 의미하며 변질되기 이전의 순수성을 가진 인간 본성을 말한다. 순수성은 반문화적이고 야만적인 상태가 아닌, 사회문화적으로 변질되지 않아 이념적으로 자유로운 상태를 의미한다.

따라서 교육은 인위적인 관습에 의해 결정되는 것이 아니라, 자유롭고 평등한 인간존재로서 본래적 의미가 간직될 수 있도록 해야 할 것이며 나아가 공동체 속의 개인으로서 살아갈 수 있도록 해야 한다는 것이 루소의 의도였다.

루소는 자신의 교육이론을 교육소설인 「에밀」을 통해 제시한다. 이 책은 에밀의 성장 과정을 통해 어떠한 교육이 진행되어야 하는지 설명하고 있다.

1단계에서는 교육에 대한 기본원리를 설명하고 있으며, 유아기(0-2세)의 교육이 제시되어 있다. 유아기 교육에서 중요한 것은 신체발육을 위한 건강교육이다. 이때의 교육은 아이들로 하여금 자기가 가지고 있는 능력(자연성)을 사용하여 자연적인 조건에 적응할 수 있도록 기르는데 목적이 있다.

2단계에서는 2세부터 12세까지의 아이들을 대상으로, 손과 발을 단련할 수 있는 감각 교육이 필요하다고 하였다. 루소는 감각적 이성은 지적 이성의 기초가 되며 인간은 감각을 통해 사물을 이해한다고 보았다. 따라서 지적 교육은 감각 교육으로부터 가능하다. 루소는 12세 이전의 아이들에게 지식교육은 불필요하다고 보았다. 책을 통한 교육조차 문명을 전수하는 과정으로 아이들에게 편견을 심어 준다고 이해한 것이다. 따라서 아이들이 책을 읽는 시기는 12세 이전에는 피해야 한다고 보았다. 루소는 이 시기 아이들의 이성(理性)은 수면기 상태로 존재하기 때문에 이성을 강조하는 교육이 아닌 감각을 일깨우는 교육이 중요하다고 하였다. 또한, 어른과 구별된 존재인 아이들에게 어른을 모방하게 하는 교육보다는 그 자체로 완전하고 독립된 존재로서 먼저는 사람이 되어야 한다고 역설한다. 따라서 교육은 아이라는 자연을 존중하는 교육이어야 할 것이며 소극적인 형태로 나타나야 할 것이다.

3단계에서는 12세와 15세의 소년기 교육을 설명하고 있다. 루소는 이 시기에 비로소 인간의 이성(理性)이 개화된다고 보았다. 이 시기 아이들은 이성에 눈을 뜨며 지적 호기심이 왕성해진다. 즉 지식교육이 가능해진 시기인 것이다. 그러나 그렇다고 이 시기 아이들에게 모든 영역의 학문을 교육해야 하는 것은 아니다. 교육은 자연과 관련된 것으로 자연현상을 직접 경험하고, 발견하며 관찰하고 실험하는 형태로 진행되어야 할 것이다. 루소는 이 시기에도 책 등, 교과서에 의한 교육적 접근에 대해서는 비판적인 관점을 취한다. 책을 통한 교육은 맥락이 사라진 토막지식의 집합이기 때문에 아이들의 직접적인 삶과 연관되지 못하기 때문이다. 따라서 학문적 지식보다는 학문에 대한 취미를 갖게 하는 것이 중요하며 학문을 사랑하는 마음을 길러 주어 지적 의욕을 고취시켜야 한다고 보았다.

4단계에서는 15세에서 20세까지 청년기 교육으로, 이 시기는 어린 시기에서 벗어나 남성과 여성의 역할을 익히고 사회적 관계 의미를 알아가는 중요한 시기이다. 따라서 교육은 사회적 관계 형성의 기초를 형성할 수 있도록 해야 할 것이며, 도덕적이고 종교적인 측면에서 진행되어야 할 것이다. 루소는 자기애(amoour de soi)와 이기심(amour propre)을 구별하였는데, 자기애는 인간의 자연적인 본성을 의미하며, 이기심은 자기애가 잘못된 방향으로 변질된 것을 의미한다. 이 시기의 아이들은 자기애로부터 인간애, 인류애로 성장하게 된다.

5단계에서는 여성 교육에 관해 이야기하고 있다. 여성 교육을 살펴보면 지나치게 남성 중심으로 보수적인 측면에서 제시되어 있음을 살펴볼 수 있다. 루소에게 여성은 남성과 같은 인간이라는 것에서 동일하지만 자연의 법칙상 남녀라는 성의 구별은 불가피하다고 보았다. 그러나 이때의 구별은 상하의 개념이기보다 성에 대한 구분이다. 루소는 아내를 남편에게 복종해야 하는 존재로서 순종과 겸양의 미덕을 갖추어야 한다고 보았다. 이때의 복종은 주종관계에서의 복종이기보다 가정에서의 아내와 어머니로서의 위치와 역할을 강조하기 위한 접근으로 해석된다. 그럼에도 루소의 여성 교육은 남성의 교육과 구별지어 지적으로나 정서적으로 한계 지었다는 비판을 받는다.

루소는 지금까지 아이들에 대한 이해는 잘못된 이해였음을 비판한다. 그 시기 아이들은 "미숙한 작은 어른"으로서 어른의 축소판으로 이해되었고, 그러한 이해는 교육을 잘못된 방향으로 나아가게 하였다. 어른들은 아이들이 무엇을 배우고자 하는지에 대해 무관심하였으며, 무

엇을 가르칠 것인가에 대해서만 열중하고 있었다.[50]

아이들은 성인과는 다른 독특한 사고구조와 흥미, 그리고 욕구를 가진 존재이다. 따라서 교육은 아이는 아이답게, 어른은 어른답게 키워야 한다고 본 것이다. 이러한 맥락에서 인간을 각각의 발단 단계로 구분하였고, 각 단계에 따라 자연스러운 교육이 진행되도록 하였다. 루소는 진보적 측면에서 부정확한 미래를 위해 현재를 희생시키는 교육은 아이들을 불행하게 만드는 엉터리 교육으로 보았다.[51]

그러나 그렇다고 교육에 있어 전통과 관습이 배재되어야 한다고 주장하는 것은 아니다. 단지 루소는 그러한 교육을 받을 만한 적절한 시기가 있다고 보았으며, 지식을 배우는 시기는 너무 일찍도 너무 늦어져도 안된다고 보았다. 어린 시기의 아이들의 경우, 너무 일찍 지식교육이 진행된다면 남에게 질질 끌려가는 삶을 살게 될 것이다.[52] 아이가 소화할 수 없다면 그때의 교육은 유보되어야 한다. 교육은 아이들이 알아들을 수 없는 어른의 말을 모방하도록 강요하는 것이 아니라, 아이들이 스스로 받아들일 수 있도록 진행되어야 할 것이다.[53]

이러한 루소의 교육사상은 소극적 교육론(negative education)을 통해서도 살펴볼 수 있다. 교사는 교육을 위해 인위적이며 직접적으로 아이들의 삶에 간섭하는 것이 아니라, 아이들이 스스로 깨달음을 얻을 수 있도록 교육적 환경을 만들어 주어야 한다. 교사의 직접적인 교육적 행위는 효과적인 측면에서 빠른 성취로 나타낼 수는 있으나, 이러한 행위는 아이들의 행동을 간섭하고 제한하며 스스로 생각하거나 판단할 수 있는 기회를 박탈하기 때문이다. 차라리 루소는 아이들이 스스로 깨닫게 될 때까지 기다림으로 시간을 버리는 편이 좋다고 보았다.[54] "어린아이에게 학문을 가르친다는 것은 그렇게 중요하지 않다고 이해한 것이다. 보다 중요한 것은 그에게 학문을 사랑하도록 취미를 길러 주고, 그다음으로 학문을 배우는 방법을 알려 주는 것이다."[55] 교육은 아이들의 자유의지를 자극하여 스스로 할 수 있는 능력을 길러 내도록 해야 할 것이다.

루소의 사상의 교육적 의미를 살펴본다면 교육은 주어진 (교과적) 내용을 그저 습득해야 하는 과정이 아니라는 것이다. 교육은 아이들의 일상적인 삶으로부터 시작되어야 한다. 지금의 교육은 실증적인 측면에서 효율성이 강조되고 있다. 그러나 기다리지 않고 아이들에게 강요하는 교육은 비판받아야 하며 고쳐져야 할 것이다. 교육은 아이들이 스스로 의미를 발견할 수 있도록 해야 하며, 자기 의지로 실천할 수 있도록 기다려 줄 수 있어야 한다.

다음으로 루소는 아이들을 어떻게 바라보아야 할 것인가에 대한 시사점을 제공한다. 그동안 교육학에서 아이들은 미성숙한 존재로 이해되었다. 이러한 이해는 성숙한 존재인 성인에 의한 가르침을 합당한 것으로 여기게 하였으며, 교육에 있어 수동적인 존재로 성인의 가르침에 순종해야 하는 존재로 이해되었다. 그러나 루소의 주장처럼 아이들 역시 인간으로서 그 자체로 완전한 존재이다. 비록 여성의 교육에 대해서는 보수적이라는 비판에서 벗어나지 못했지만 아이들의 삶을 존중하며 아이들을 그 자체로 바라보고자 하였다는 것에서 의미가 있다.

칸트(Immanuel Kant)의 사상과 교육

칸트(1724-1804)는 동시대의 사상가들처럼 계몽주의에 영향을 받은 사상가이다. 그는 계몽된 인간의 이성을 통해 인간의 자율성을 확립하고자 하였다. 그 당시 세계에 대한 이해는 합리주의와 경험주의 간의 극단에 치우쳐 있었다. 이에 칸트는 형이상학적 세계관에 의한 절대화된 합리주의와 인간의 감각적 경험에 기초한 경험주의 모두를 비판하며 자신만의 선험철학(transzendentale Philosophie)을 정립한다.

〈임마누엘 칸트〉(Johann Gottlieb Becker, 18세기)

그 당시 철학은 자연과학을 넘어 뉴턴의 물리학에 영향을 받던 시기였다. 칸트는 시간과 공간, 그리고 인과성의 개념이 내포된 뉴턴의 물리학을 학문적 개가로 받아들인다. 전통적인 자연과학은 인간의 인식 밖에 존재하는 객관화된 세계를 이성과 감각적 경험에 의존해 설명하고 있었다. 그러나 뉴턴의 실험과학은 하나의 가설을 설정하고 그에 따라 관찰과 측정 등의 방법을 통해 검증함으로 보편화된 의미들을 도출해 내는 과정이다.

이러한 실험과학은 형이상학적인 측면에서 합리적이라 믿어 온 이성이 만들어 낸 진리의 가변성에 대한 대응이었다. 그러나 이러한 작업이 진리의 절대성에 대한 해체를 의미하는 것은 아니다. 보편적인 것이 존재하지 않는다면 실험을 하는 핵심적인 취지 역시 사라지기 때문이다. 칸트는 전통적인 합리주의와 경험주의를 비판하지만, 이러한 비판이 회의론으로 나아가려는 시도에 대해서는 거부한다.

칸트는 인간 정신에는 선험적(先驗的: transzendental)으로 인과성과 시·공간에 대한 직관적인 개념이 내재되어 있다고 보았다. 이러한 칸트의 인식론은 코페르니쿠스 전환으로 표현된다. 지구를 중심으로 태양이 회전하고 있다는 전통적인 주장은 우주의 중심에 지구와 인간을 위치시킨 결과였다. 그러나 태양이 아니라 지구가 회전한다는 코페르니쿠스의 주장은 인간이라는 주체가 대상에 의해 전복되어 버린 사건이었다. 지동설은 그저 하나의 학설이 아니라, 그 당시 사고 자체를 뒤집어 버리는 혁명적인 사건인 것이다. 패러다임의 전환은 혁명적인 수준의 투쟁이 요구된다. 유지하려는 자들과의 마찰이 불가피하기 때문이다. 이러한 논란의 중심에 선 지동설이 결국에는 받아들일 수밖에 없었던 이유는 과학적인 측면에서 천문학적인 자료들을 제시하여 그 정합성을 입증하였기 때문이다.

칸트의 철학 역시 지금까지의 인식체계에 새로운 패러다임을 제시한다. 그동안의 세계관은 형이상학적으로 이미 인식 밖에 존재하는 객관화된 세계와 인간의 인식이 대응했을 때, 비로소 인간은 세상을 인식할 수 있었다. 그러나 칸트는 이러한 관계를 전복시킨다. 주체가 세계(대상)에 영향을 받는 것이 아니라, 세계(대상)가 주체에 영향을 받는다는 것이다. 칸트는 세계에 대한 이해는 주체가 인식한 방식과 경험에 의한 결과라고 보았다. 대상의 본질이 대상에서 기인하든, 기인하지 않았든 결국에 대상을 이해하는 것은 인간의 인식이기에, 인식주체인 인간에 의해서 세상의 질서가 부여되는 것이다.* 녹색 안경알이 끼워진 안경을 쓰고 세상을 바라본다면, 인간이 바라본 세상은 온통 녹색의 질서가 부여될 것이다.

그러나 이러한 이해는 인식의 주관성을 의미하는 것은 아니다. 주관적이라는 표현에는 우연적이며 예외적이라는 의미가 내포되어 있지만,

---

* 우리는 앞서 세상을 이해하기 위해 세상을 분류한 존재가 세상 그 자체가 아닌 아리스토텔레스였다는 점을 살펴보았다. 또한, 후기 현대 과학자인 움베르토 마투라나는 미국 생물학자인 스페리의 실험을 재해석하며 도롱뇽이 먹이를 잡기 위해 자신의 혀를 내미는 방향은 '실제로 먹이가 있는 방향'이 아니라, '자신이 먹이가 있을 거라고 인식'한 방향이었다는 것을 증명한다. 즉 인간이 이해한 세계는 인간 내부로부터이지, 인간 외부가 아니라는 것이다.

칸트의 이론은 그 반대다. 인간은 참된 지식의 가능성을 가진 존재로써 모든 주체 내에는 참된 인식을 위한 보편성이 내재되어 있다. 이러한 보편성(형식)은 경험보다 앞선다. 자신이 쓰고 있는 안경알의 색깔이 녹색임을 인식한다면, 세상을 바라보지(경험하지) 않아도 세상이 녹색이라는 것을 알게 될 것이다. 즉 인간은 외부로부터 경험하게 되는 세상에 영향을 받지만, 그러한 경험에 어떠한 형식을 부여하고 질서를 세울지에 대한 것은 세상 그 자체가 아니라 인간의 이성이라는 것이다. 따라서 인간은 경험 이전에 선험적으로 종합판단이 가능하게 된다.

여기에서 세상에 질서를 부여하는 것이 세상 그 자체가 아니라 인간이라는 의미에 대해 좀 더 살펴볼 필요가 있다. 앞서 언급하였듯이 인간의 경험은 인식 가능한 것만 파악된다. 따라서 인간이 인식한 결과가 세상 그 자체라는 의미는 아니다. 인식의 차원을 넘어서 존재하는 것은, 존재하지 않는다는 의미가 아니라 인식조차 될 수 없다는 것을 의미한다. 이러한 접근은 그동안 인식의 결과를 통해 세상을 그 자체로 이해하였던 관점에 대한 비판을 넘어 초월적인 것은 초월적인 것으로 받아들여야 한다는 것을 의미한다.

그동안 인간은 초월적인 세계를 인식의 틀로 이해하려 하였고, 그 결과를 절대적인 것으로 받아들였다. 신 중심 세계관을 가지고 있던 중세인들이 코페르니쿠스의 지동설을 받아들일 수 없었던 이유는 지동설이 신의 완전성을 부인하는 계기가 되기 때문이었다. 그러나 사실상 천동설을 주장한 존재는 신이 아니라 인간일 뿐이다. 따라서 천동설에 대한 비판은 신에 대한 대립이 아니라 인간의 인식에 대한 한계를 나타내는 것이다. 이러한 칸트의 사상은 인간의 이성과 더불어 종교 역시 설 자리를 갖게 하였다.

칸트에게 선험적으로 존재하는 것은 보편적인 것이며 진리의 차원으로 존재한다. 이는 당연한 것으로서 정언명령(kategorischer Imperativ)과도 같다. 정언명령은 보편적인 규범으로서 반드시 알아야 하며 행해야 하는 강제성을 지닌다. 이러한 의무는 도덕적 의지를 의미한다.

인간에게는 도덕적 의무가 선험적으로 존재한다. 시·공간과 인과성 등에 대한 개념이 선험적으로 내제되어 있기 때문이다. 따라서 의무를 하지 않는다는 것은 자신의 내면에 주어진 선험적인 개념을 거부하는 것이 된다. 반면 정언명령에 따른 행위는 인간의 자연성을 통해 자연스럽게 나타나는 것은 아니다. 이를 실천하기 위해서는 인간 본성의 차원을 넘어 인간의 의지가 요구되기 때문이다.[*]

칸트에게 보편적 질서는 개인의 경험보다 우선한다. 따라서 반드시 해야만 하는 것에 대한 강제가 필요하다. 칸트는 교육적인 측면에서도 가장 큰 문제를 아이들이 마땅히 해야만 하는 법칙에 따르는 일을 어떻게 하면 자신의 자유를 사용할 능력과 통일시킬 수 있는가에 있었다.[56]

---

[*] 칸트가 말하는 교육의 방향성은 보편성을 향해 있다. 따라서 인간을 자신의 의도를 위한 도구로 이용하려는 정치인은 교육을 기획하거나 실천하기에 부적합하다고 보았다. 또한, 부모 역시 세상에 잘 적응하는 것에만 염려하기 때문에 교육자가 될 수 없다고 보았다.

질서에 따르면서도 자유를 누리게 하는 것, 이것이 칸트의 교육관인 것이다.

여기서 칸트가 말하는 자유는 본능에 따르는 행위를 의미하는 것은 아니다. 앞서 언급하였듯이 선험적으로 주어진 정언명령은 인간의 자연성에 의해 나타나지 않기 때문이다. 칸트에게 자유는 사회의 구성원으로서 자신의 내적 가치를 실현시킬 수 있는가를 의미한다. 그러한 관점에서 칸트의 교육적 대상은 개별적 인간존재가 아닌, 사회의 구성원으로서의 개인이다. 따라서 칸트는 세계시민을 위한 공교육[*]의 필요성을 강조하게 된다.

계몽주의의 색깔은 그의 교육관에서도 살펴볼 수 있다. 칸트에게 교육은 자연적인 것이 아니다. 정언명령처럼 도달해야 하는 규정이 존재한다고 보았다. 이때 인간 개인은 혼자서 이러한 규정에 도달하는 것이 불가능하다. 따라서 인간성의 완성(Vervollkommung der Menschheit)을 위해서는 사교육보다는 보편적인 질서를 추구하는 공교육이 필요하다고 보았다. 이때의 교육은 목적과 목표에 따라 계획되어야 하면 그러한 목적에 부합한 교육적 실천이 나타나야 할 것이다(합목적성).[57]

이러한 칸트의 교육관이 현대교육에 주는 의의는 인간존재에 대한 신

---

* 그러나 세계시민으로의 교육은 공리주의적 차원을 의미하는 것은 아니다. 공리주의는 결과론적인 측면에서 최대다수의 최대행복을 말하고 있지만, 칸트는 결과가 아닌 인간의 의도에 집중한다. 자신의 자유와 규범을 통일시키는 것을 교육이 성취해야 하는 문제로 바라보았다는 것이 이를 증명하고 있다. 이러한 측면이 공리주의와의 차이다.

뢰에 있다. 인간은 이미 내면에 도덕적 의무가 내재되어 있다. 반드시 지켜야 하는 도덕적 강제성은 일방향적 작용이 아닌, 인간 내면으로부터 해야만 한다는 의지와 연결될 수 있도록 해야 한다는 것이다. 이러한 의무론은 결과가 아니라 인간의 의지에 집중한다는 것에서 의의가 있다.

칸트의 교육론은 교육학의 시작과 더불어 있다. 칸트 이전까지의 교육은 학문적으로 정립된 상태가 아니었다. 철학자로서 교육학이라는 학문으로 학생들을 가르치는 입장에 선 칸트는 시대적 요청에 의해 교육학을 전개하고 있는 측면이 있다. 이러한 측면은 공교육적 측면에서 획일화된 교육을 추구하고 있다는 한계를 갖는다.

그러나 칸트의 사상은 그동안 객관화된 세계와 인간의 인식을 일치시켰던 관점에서 벗어나, 인간의 인식과 세계(대상)를 분리했다는 점에서 철학사적으로 시사하는 바가 크다. 이러한 분리(주제-객체)는 새로운 인식의 패러다임을 열게 하였다. 반면 주체에 의해 대상화되어 버린 전복된 관계는 후기 현대사회에 비판의 중심에 위치하게 된다.[*]

헤겔(Georg Wilhelm Friedrich Hegel)[**]의 사상과 교육

프랑스 혁명을 거점으로 반동의 시대를 살았던 헤겔(1770-1831)은 계

---

[*] 그러나 사실상 관계에 대한 이해는 비-관계로부터 가능할 것이다.

[**] 헤겔은 페스탈로치보다 출생시기가 늦지만 사상적 흐름을 이해하기 위해 칸트 다음으로 헤겔을 위치시키게 되었다.

몽주의와 낭만주의 사상을 자신의 철학과 연결시켜 발전시킨 사상가이다. 그 당시 사상가들은 기본적으로 인간에 대한 낙관적인 사고를 갖고 있었다. 그들은 전통보다는 인간의 이성을, 사회보다는 개인을 우선시하며 자신들의 사상을 펼쳐 나갔다. 헤겔이 주장하는 세계정신의 개념[*]도 이미 그 당시 셸링을 비롯한 낭만주의자들의 개념을 가져온 것이며, 더 나아가 자신만의 의미를 부여한 것이다. 그 당시 사상가들은 인간을 표현하는 것을 정신이라고 보았다. 정신은 인간에게만 존재하기 때문이다.

앞서 우리는 칸트의 사상[**]을 살펴보았다. 칸트는 인식론적 차원에서 세계를 이해하고자 하였다. 물론 인간의 인식이 도달할 수 없는 진리에 대해서 칸트가 인정하지 않은 것은 아니다. 그러나 그러한 초월성은 인간이 도달할 수 없는 차원으로 존재하기 때문에 칸트는 진리를 인간의 외부에 있는 것으로 보지 않았다.

이때 헤겔은 인간의 경험과 이성적 판단으로 이해될 수 없는 초월성의 한계를 극복하고자 역사를 가져온다. 인식의 차원을 넘어서는 것을 구분하여 배재시키기보다, 역사적 과정을 통해 파악하고자 한 것이다. 이 점이 바로 헤겔 사상이 갖는 차이이다.

그동안의 철학은 '실재란 무엇인가'에 대한 절대적인 앎을 찾아가는 과정이었다. 철학의 역사를 살펴보면 이성을 중심으로 이해한 세계관

---

[*]   그 당시 낭만주의자들은 존재의 근원을 세계정신이라 믿었다.
[**]   헤겔은 칸트의 철학으로부터 자신의 이론을 전개하고 있다.

은 물질적인 세계를 소외시켰으며, 경험을 중심으로 한 이해에 있어서는 반대로 이성을 소외시키는 결과로 나타났다. 이러한 사상적 흐름은 그 시대에 절대적이라 믿었던 조건들과 대립되는 현상을 포기하게 만들었던 것이다. 이후 칸트는 이성과 경험에 대한 갈등적 상황에서 인식론을 통해 종합을 시도하고자 한다. 그러나 칸트의 인식론은 주체와 사물 자체(객체)를 구분하여 인식주체가 구성(주관성)한 결과로서 세상을 이해하게 하였다는 한계를 갖는다.

헤겔은 칸트의 선험철학을 비판하며 선험적인 조건들은 절대적으로 존재하는 것이 아니라 역사적인 흐름에 따라 변화될 수 있다고 보았다. 그 시대에 옳다고 여겼던 조건들이 다른 시대와 다른 문화에서는 타당하지 않을 수 있다는 것이다. 선험적 조건은 역사적으로 창출되는 것이다. 그러나 헤겔이 말하는 문화의 상대성이 절대적인 것에 대한 부재를 의미하는 것은 아니다. 칸트가 불변하는 것에 대해 절대성을 추구하였다면, 헤겔은 유동적인 측면에서 절대성을 향해 나아가는 역사의 형성 과정에 관심을 가졌다. 헤겔은 역사 그 자체를 철학적 사유를 위한 확실한 출발점으로 삼은 것이다.[58]

반면 헤겔은 정반(正反)의 과정에서 칸트의 인식론을 비판하며 자신의 이론을 내세우고 있지만, 이러한 시도는 합(合)으로 나아가기 위한 시도였다. 역사의 변화에 따라 나타나는 역동적인 긴장 속에 변증법적*

---

* 헤겔의 정반합이라는 개념은 하인리히 샬리베우스(1798-1862)에 의해 처음 표현되었고 사실상 헤겔은, 긍정, 부정, 부정의 부정이라는 표현과 즉자, 대자, 즉자대자라는

으로 화해시키기 위한 시도인 것이다.[59] 이전 시대를 살았던 사람들의 삶의 조건과 그들의 생각은 변화된 사회를 살아가는 지금 우리와는 분명 다르다. 교육적 접근에서도 역사성을 통해 전개되는 정립, 반정립, 종합이라는 시대적 흐름을 통해 변화를 읽어 내는 통찰이 요구되는 것이다. 이러한 변증법적 과정은 지금의 교육을 비판하는 것에 머무르지 않고 이전의 교육과 현재의 교육을 화해시키는 과정을 요구하며, 앞으로의 방향성까지도 예측하게 한다.

반면 혁명적인 수준에서 교육이 변화되었다고 해도, 이러한 변화가 미래의 아이들에게까지 유효한 것은 아니다. 이는 맞고 틀림의 측면으로 다가가기보다, 과거의 가치들을 평가하고 반성하는 과정을 거쳐 현시대에 좀 더 나은 조건들을 발견하는 것에 의미를 두어야 할 것이다. 헤겔은 무엇이 참되고, 무엇이 진리인지는 인간의 경험이나 이성적 판단으로는 역부족하다고 보았다. 그러한 기준은 역사적 과정을 통해 드러나는 것이다. 단적으로 "교사중심의 교육은 틀렸어", "학습자 중심의 교육이 옳아"식의 비역사적인 사유보다, 역사적 맥락 속에서 진보적인 측면에서 새로움을 발견할 수 있어야 할 것이다.

이러한 헤겔 철학은 동시대의 낭만주의자들에 의해 주창된 개인주의와는 차이를 갖는다. 앞서 문화적 상대성에 대한 헤겔의 긍정이, 절대성에 대한 부정을 의미하는 것은 아니라고 밝혔다. 헤겔은 개인적인 측면

표현으로 그의 변증법을 설명하였다.

을 배재시키지는 않지만, 절대적이며 객관적인 힘이 존재한다고 믿었다. 그러한 힘은 국가로부터 나온다고 이해한 것이다.

〈헤겔과 나폴레옹〉(커즈, 1895)*60

---

* 그림은 1806년 예나-아우어슈테트 전투에서 프로이센 군대를 물리친 프랑스제국의 나폴레옹 황제가 말을 타고 지나는 모습을 바라보고 있는 헤겔의 모습이다. 프로이센의 승리는 그에게 봉건 군주의 패배를 의미했다. 헤겔에게 나폴레옹은 세계정신이며 영웅이었다.

헤겔에게 세계정신은 변증법적으로 상호작용하는 과정 속에 절대정신으로 도달하게 된다. 인간은 태어나 세계 속에 포함되듯, 어느 누구도 세계로부터 자유로울 수 없다. 이러한 헤겔의 이해는 개인을 국가의 부분으로 받아들이게 하였다. 개별적 존재는 그 자체로의 의미보다 개인을 넘어 가족, 가족을 넘어 국가로 나아가는 과정에서 자신의 결함을 발견하고, 이러한 부정성을 극복하는 과정에서 더 높은 인식의 수준에 도달해야 하는 존재로 보았다.*

이러한 헤겔의 사상이 주는 교육적 의미는 결과론적인 측면에서 전체성을 향해 나아가는 존재로 인간을 이해하였다는 한계를 갖지만, 비판의 의미를 부정성 그 자체로 이해해기보다, 긍정을 향해 나아가기 위한 과정으로 받아들였다는 것에서 의미가 있다. 나와 다름을 의미없는 것으로 배체시키지 않고, 갈등 그 자체를 변화의 원동력으로 바라보았기 때문이다. 따라서 결점은 흠이 아니라 발전할 수 있는 계기가 된다. 이러한 헤겔의 사상은 갈등적 상황을 그 자체로 문제적 상황으로 바라보는 지금의 교육에 시사하는 바가 크다. 인간의 성장은 누군가의 가르침의 결과이기보다, 자신의 결점을 발견할 때 비로소 가능한 것이다. 반면 헤겔의 이론은 전체주의적 측면에서 개별적 존재가 갖는 의미보다 완전성을 향해 성장(발전)해야만 하는 존재로 아이들을 이해하게 하였다

---

* 예를 들어 인간은 태어나면 모국어를 사용하게 되는데, 모국어는 개별적 인간존재가 만든 것이 아니라, 이미 만들어진 언어에 개개인이 소속되어 사용하게 된다는 것이다. 이처럼 헤겔은 개개인은 주변 세계인 국가에 의해 소속된다고 보았다.

는 한계를 갖는다.

페스탈로치(Johann Heinrich Pestalozzi)의 사상과 교육

사랑은 교육의 본질이라는 교육 실천가 페스탈로치(1746-1827)는 교육의 아버지라 불리는 사상가이다. 루소를 비롯하여 그 당시 교육은 주로 상류층을 위한 교육인 반면 페스탈로치의 교육은 민중을 위한 교육이었다.

페스탈로치는 귀족 중심의 교육을 민중을 위한 교육으로, 교사 중심의 교육을 아동 중심으로, 지식이 중심이었던 교육을 생활 중심으로, 직업을 위한 기능교육을 인격을 위한 교육으로 전환하고자 하였으며, 그러한 그의 노력은 현재까지도 시공간을 초월해 교육의 전 분야에 영향을 끼치고 있다.

페스탈로치는 자연주의 세계관을 가진 루소의 사상에 영향을 받은 사상가이며, 인간의 본질과 가능성에 대한 근원적인 물음을 제기한 사상가이다. 당대의 교육은 본질적인 측면에서 인간의 정신인 지성을 통해 세상을 이해하려는 시도와 인간의 감각적 경험을 통해 세상을 이해하려는 시도로 구분되어 나타나고 있었다. 페스탈로치는 교육을 바라보는 이러한 이분법적인 접근을 비판하며 합자연(合自然)의 원리를 주장한다. 이는 단순히 정신과 감각의 산술적 합산을 의미하는 것이 아니라, 정신과 감각이 만들어 낸 이중적인 구성물을 의미한다. 따라서 교육은 감각과 정신을 모두 내포하고 있어야 할 것이며, 인간 본성을 발전시키는 자연에 일치하는 교육이어야 한다.[61] 그에게 교육의 목적은 합자연의 원리를 통해 인간을 인간답게 만드는 것에 있었다.

〈전쟁고아들을 돌보는 페스탈로치〉(콘트라 그로브, 1987)

이러한 원리에서 교육은 자연의 필연성의 법칙에 따른 교육이어야 할 것이며, 단순한 것에서 복잡한 것으로, 가까운 곳에서 멀리 있는 곳으로, 안에서 밖으로, 수동성에서 자발성으로, 이기심에서 사회성으로, 욕구의 충족에서 사랑의 발현을 이끄는 교육이어야 할 것이다.[62]

페스탈로치는 더 나아가 부유한 자나, 가난한 자나, 신분계층을 막론하고 인간이라는 존재는 본질적으로 선하다고 보았다. 「은자의 황혼

　　　　　　　　　　　　　　교육과 철학의 얽힘

(Die Abendstunde eines Einsiedlers, 1780)」에서 그는 "인간은 왕의 보좌 위에 앉아 있으나, 초가의 그늘 아래 누워 있으나 본성으로는 평등하다."[63]고 하였으며, 인간은 하나님이 주신 성스러운 힘이 내재되어 있는 존재이기에 그 내면에 신성과 발전할 가능성, 그리고 평등성이 내재되어 있다고 보았다. 그는 가난하고 버려져 황폐한 삶을 사는 아이들이라도 교육을 통해 도덕적으로 선한 존재가 될 수 있다고 보았고, 이를 위해 1774년부터 1780년까지 빈민가 아이들을 대상으로 빈민학교를 운영하기도 하였다. 이처럼 페스탈로치에게 인간은 본질적으로 선한 존재로서 자비로운 성향을 지닌 존재이다.

그러나 자연인(自然人)을 이상적 인간상으로 추구한 루소와는 달리 페스탈로치는 자연을 '타락한 자연'과 '타락하지 않은 자연'으로 구분한다. 자연상태에서 인간은 본질적으로 선함을 갖고 태어나지만, 사회적 환경의 영향은 인간을 도덕적으로 타락하게 한다고 본 것이다.[64]

이러한 인간 본성의 상태는 자연적(동물적)인 상태(Naturzustand), 사회적인 상태(Gesellschaftlicher Zustand), 도덕적인 상태(Sittlicher Zustand)로 구분할 수 있다. 인간은 자연적인 상태에서 동물적인 충동과 선한 충동을 함께 가지고 있는 상태로 존재하며, 동물과 근본적으로 다르지 않은 상태론 존재한다.

반면 사회적 상태에서 인간은 동물적인 충동으로 인해 이기심에 사로잡혀 자연질서를 거스르며 타락한 존재가 된다. 이러한 인간의 이기심과 욕망은 법으로 인해 규제되는데, 사회적 상태는 이처럼 법률로 구속된 사회에서 존재하는 상태를 의미한다. 이때 사회적인 행위는 아무리 최대다수를 위한 행위일지라도 도덕적인 것과는 차이를 갖는다. 인간의 도덕적인 상태는 사회적 상태에서 강제된 행위가 아니라, 내면적 욕구에 의한 행위이기 때문이다.

인간의 도덕적인 상태는 자유롭고 도덕적인 자아를 추구해 가는 상태를 의미한다. 페스탈로치는 인간의 내면에는 진리를 추구하고자 하는 도덕적 힘이 내재되어 있다고 보았다. 이는 사회적 강제가 아닌 스스로의 힘으로 만들어지는 것이다. 따라서 인간교육의 목적은 도덕적 상태가 되도록 하는 것에 있다.

이러한 교육의 시작으로 페스탈로치는 가정(Wohnstube)이 중요하다고 보았다. 가정은 자연교육의 전형으로서 사랑과 믿음을 바탕으로 이루어져야 하는 곳이다. 이후 교육은 아동의 전인적인 성장을 위해 지덕체의 조화로운 교육이 진행되어야 한다고 보았다. 그중 인간됨을 배울수 있는 도덕교육은 교육의 초석으로서 인간교육의 가장 중요한 핵심이다.[65]

페스탈로치는 교육은 안에서 밖으로 이끄는 교육이어야 한다고 보았다. 이는 인간의 내면적인 힘을 성장시키는 것이 우선되어야 함을 의미한다. 교육은 외부로부터 강제하기보다 스스로의 힘으로 자연스럽게 익히는 과정이어야 할 것이다. 이러한 측면에서 페스탈로치는 교육을 가르치고 배우는 과정이라는 접근보다는 '생활의 도야'라는 표현을 사용한다. 페스탈로치에게 교육은 가정과 학교, 사회가 각각 분리되기보

다, 서로 융합하여 아이들이 전인적으로 성장할 수 있도록 해야 한다고 보았다.[66]

이러한 페스탈로치의 교육사상이 현대교육에 주는 의의는 먼저 교육을 기능적인 측면이 아니라 생활적인 측면에서, 외적인 성취보다 내면을 바라보았다는 것이다. 실용주의 이후 교육은 진보적 측면에서 얼마만큼 효율성을 나타낼 수 있는가에 초점이 있었다. 그 결과 내면적인 측면보다는 외적으로 드러나는 것에 집중하였다고 해도 과언은 아니다. 이러한 접근은 아이들의 생활적인 측면과 교육을 구별시켰다는 한계를 갖는다.

현대사회에서 평등성은 매우 중요한 이슈이다. 이러한 평등성이 여전히 강조되고 있는 이유는 현실적으로 교육은 여전히 평등하지 않다는 것을 증명하는 것이기도 하다. 국가 수준의 교육과정은 일반적인 아동을 대상으로 한 획일적인 교육이기에, 좀 더 다원화되어 제시될 필요가 있다. 페스탈로치가 주장한 교육은 각자 아동의 필요와 요구에 반응하는 교육으로서 아동 스스로 자신의 힘으로 성장하게 하는 것에 있었음을 상기할 필요가 있다.

프뢰벨(Friedrich Wilhelm August Fröbel)의 사상과 교육

19세기 낭만주의는 루소와 페스탈로치, 그리고 프뢰벨(1782-1852)로 이어진다. 프뢰벨은 처음으로 유아들을 위한 유치원(Kindergarten)을 창립하였으며, 유아교육 사상을 집대성한 사상가이다. 앞서 페스탈로치가 루소의 영향을 받았다며, 프뢰벨은 페스탈로치의 교육관으로부터 영향을 받아 그의 교육관을 체계적으로 정립해 나아갔다.

〈프리드리히 프뢰벨〉(C. W. Bardeen, 1897)

프뢰벨의 사상을 전반적으로 이해하기 위해서는 그의 종교성을 먼저 살펴볼 필요가 있다. 그는 범신론(汎神論)적 관점에서 모든 만물에는 신성(神性)이 내재되어 있다고 보았다. "인간은 신과 내적인 통일체로서 자신의 창조적 행위와 행동을 통해, 신적인 본질을 느끼고 인식할 수 있다"[67]는 것이다. 이러한 관점은 그의 교육사상의 토대가 된다. 프뢰벨에게 인간교육은 인간 내면에 존재하는 신성을 발현하기 위한 과정이다.

프뢰벨의 사상은 그의 통일의 원리를 통해서도 살펴볼 수 있다. 당시 세계에 대한 이해는 정신과 물질을 분리하여 이분법적 사고를 통해 바라보게 하였다. 프뢰벨은 이러한 관점을 비판하며 생명은 정신과 물질이 서로 분리되지 않고 융합체로 존재한다고 보았다. 정신과 분리된 물질은 생명을 갖지 못하며, 반대로 물질로부터 분리된 정신도 생명을 부여받지 못하기 때문이다. 이러한 이분법적인 분리는 만물을 그저 혼돈의 상태로 존재하게 할 뿐이다.

반면 프뢰벨은 모든 만물에는 그 만물을 작용하게 하는 영원한 법칙이 깃들어 있다고 보았다. 영원한 존재로서 존재하는 이 통일자가 바로 신이다. 신은 생명의 근원으로 만물 속에 존재하며, 만물을 통일과 조화의 상태로 움직이게 한다. 이때 개별적 존재들은 분리된 상태가 아니라 하나로 결합한 유기체로서, 그 자체로 본질인 신에 의해 작동되는 것이다. 인간을 비롯한 모든 만물의 본질에는 이러한 신성이 내재되어 있으며, 그중 이성적으로 만물을 인식할 수 있는 인간은 최고의 존재로서, 다른 만물들과는 다르게 특별하다. 인간은 자기활동을 통한 자기표현으로 신성을 발현시키기 때문이다.

당대 자기활동의 중요성은 이미 라이프니츠의 단자론을 시작으로 교육학 전반에 확대되어 있었다. 루소와 페스탈로치에 의해서도 그 중요성은 언급된 바 있다. 프뢰벨은 자기활동을 아이들에게 내재된 신성을 통해 의미화하였으며, 인간은 신의 창조물로서 이미 그 안에 자기활동을 위한 창조성이 내재되어 있다는 보았다. 이는 누가 시켜서가 아니라, 자발적으로 나타나며 생산하고자 하는 본래적 욕구를 통해 외적으로 드러나는 것이다. 사실상 아이들의 모든 활동은 이러한 창조성의 표현이기도 하다. 이때 교육은 아이들의 자기표현, 즉 자기활동을 할 수 있도록 도와주는 역할이 되어야 하며, 내재된 본성이 스스로 표현될 수 있도록 명령이나 강제에 의한 강압적인 형태로 나타나서는 안 될 것이다. 이러한 자기활동의 원리는 아이들 스스로 놀이와 작업을 통해 자발적으로 활동 할 수 있도록 은물(恩物)을 제작하게 된 배경이 된다.[68]

프뢰벨은 당대에는 교육적 관심거리가 되지 못했던 놀이를 중요한 교육적 원리로 등장시켰는데, 놀이는 아이들로 하여금 스스로 자신의 내적 세계를 외부로 표현할 수 있게 만들기 때문이다. 아이들의 놀이는 삶의 떡잎으로써 전인적인 발달을 가능하게 하며[69] 그 자체로 선으로서 가장 순수한 정신적 산물이다. 프뢰벨에게 놀이는 아이들의 자연스러운 성장에 가장 중요한 모습이며 근본요소이다. 프뢰벨은 이처럼 어린 시기의 놀이를 교육으로 이해하고자 한 것이다.

프뢰벨은 교육적 방법으로 놀이의 원리를 적용하여 체계적인 놀이 활동을 위해 은물을 사용한다. 은물은 0세에서 6세 아이들을 위한 놀잇감으로 철학적 의미가 내포되어 있다. 흔히 프뢰벨의 놀이를 이해할 때 교육을 위한 도구로 이해될 수 있다. 그러나 프뢰벨에게 놀이는 교육을 위한 도구이기보다는 인간의 본성을 끌어내기 위한 도구로 이해하는 것이 더 적절할 것이다. 프뢰벨에게 교육은 교육 그 자체가 목적이 아니라, 아이의 본성인 신성을 끌어내는 것에 있다. 우주의 복잡하고 어려운 진리를 이해하기 위해서는 아이들에게 맞는 교육이 필요하다고 보았으며 그것이 바로 놀이인 것이다. 프뢰벨은 아이들이 은물을 가지고 노는 과정에서 자연적인 법칙을 직관적으로 발견하게 될 거라 보았다.[70]

프뢰벨이 제작한 은물은 시대적 변화에 따라 여러 형태로 변화되었는데, 그중 기본이 되는 은물은 다음과 같다. 제1 은물은 통일성과 완전성을 의미하는 6가지 색의 공 모양 놀잇감이다. 공은 빨강색, 오렌지색, 노랑색, 초록색, 파랑색, 보라색으로 구성되어 있다. 제2 은물은 통일성을 의미하는 나무 공과 다양성을 의미하는 정육면체, 통일성과 다양성을 모두 의미하는 원기둥으로 만들어진 놀잇감이다. 다음으로 제3 은물부터 제6 은물은 각종 입체를 경험할 수 있는 입방체들로 구성되어 있으며, 제7 은물부터 제10 은물은 직선과 곡선과 점으로 구성되어 있다. 이러한 은물들을 살펴보면 제1 은물부터 제10 은물까지 자연적인 법칙이 내재되어 있음을 살펴볼 수 있다.

프뢰벨은 놀이와 더불어 노작의 중요성을 언급한다. 이때의 노작은 놀이와 반대되는 개념이 아니라, 생산적인 활동으로서 놀이와 더불어 인간의 본질적 차원으로 존재한다. 생명체로서 신성이 내재되어 있는 아이들의 본질에는 활동, 노작, 창조성 등이 내재되어 있다. 이때 노작 역시 생명의 원리로서 인간 자신의 사명인 신성에 대한 표현이다. 흔히 노작교육은 기술적인 측면에서 직업교육처럼 이해될 수 있다. 그러나 프뢰벨이 말하는 노작은 직업교육을 의미하는 것이 아니며 인간 형성의 원리로 이해되어야 한다. 이러한 관점에서 놀이는 일과 분리되어 이해될 수 없으며, 놀이와 일 모두 인간의 자기표현이며 자기활동이다. 인간 형성의 원리인 것이다. 따라서 프뢰벨에게 노작교육은 그 자체가 목적이며, 수단으로 존재하지 않는다.

이러한 프뢰벨 교육사상이 현대교육에 미치는 의의는 비록 신 중심의 세계관을 갖고 아이들의 존재를 이해하고자 하였다는 한계를 갖지만, 그러한 한계를 넘어 아이들을 하나의 완전한 인격체로 인정하였다는 것에 있다. 아이들은 내면에 신성이 깃들어 있는 존재로서 내면의 능력을 스스로 외부로 표현하는 것만으로 교육은 성취된다고 보았다. 프뢰벨은 아이들의 놀이에서 의미를 발견하였으며, 지식 중심의 교육에서 벗어나 놀이를 통해 내재된 자신의 사명을 발견하고 표현할 수 있다고 보았다. 이러한 프뢰벨의 교육원리는 놀이와 일을 분리시켜 대립적인 관계로 이해될 수 없음을 의미한다. 놀이도 일도 모두 아이들의 본질이기 때문이다.

4. 현대사상과 교육의 얽힘

　20세기는 정치와 경제적인 측면에서 급격한 변화를 경험한 시기이다. 제1차 세계대전(1914-1918) 이후 선진 자본주의 국가들은 자국의 산업부흥을 위해 주변국들을 식민지화하였으며, 1929년 세계 경제공황은 민주주의 체제를 비판하는 파시즘 정치체제를 등장시키는 배경이 된다. 더 나아가 제2차 세계대전은 미국과 소련으로 대표되는 자유민주주의와 사회주의 간의 대립적 현상을 초래하였으며, 그 결과 교육은 자유와 평등을 중심으로 민주주의 교육과 공산주의적인 혁명적 인재 양성을 위한 공산주의 교육으로 분리된다.

　근대사상의 실제에 대한 이해의 경우, 실제는 '인간의 의식'을 통해 명석-판명하게 파악할 수 있다는 믿음에서 시작된다. 그러나 프로이트가 발견한 무의식은 '인간의 의식'이 더 이상 객관적이지도, 절대적이지도 않음을 증명하였다. 이러한 무의식의 발견과 20세기 현대과학의 성과는 형이상학적 실제성 자체를 무너뜨리는 결과를 초래하였다. 이러한 시대적 변화는 교육을 바라보는 관점에 대해서도 변화를 요구하였으며 그동안 형이상학적 진리관에 의해 이해되었던 교육은 해체되고 아동을 중심으로 교육을 이해하려는 시도들이 나타나게 된 것이다.

　그러나 아동중심 교육은 현대에 들어서 새롭게 등장한 개념은 아니다. 교육학적 흐름을 살펴보면 앞서 아동중심 교육은 코메니우스와 루소, 페스탈로치와 프뢰벨 등의 사상이 토대가 되었으며, 이후 현대교육 사상가들에 의해 심화되어 실천적인 영역으로 확장되어 나아간 것이다. 따라서 이 챕터에서는 현대교육 사상을 이해하기 위해 현대의 문을 열어놓은 프로이트의 이론을 살펴본 뒤 듀이와 몬테소리, 피아제와 비고츠키, 그리고 후기현대로의 이행을 위해 하이데거의의 사상을 살펴보고자 한다.

프로이트(Sigmund Freud)의 사상과 교육

정신분석학의 창시자인 프로이트(1856-1939)는 엄밀히 말하면 철학자도 교육학자도 아니다. 그러나 그의 사상은 그동안의 자아 개념을 전복시켰다는 것에 큰 의미가 있다. 앞서 철학자들의 사상을 통해 밝혔듯이 그동안의 세계이해는 정신세계와 물질세계를 구분하여 이분법적인 측면에서 이해되거나, 정신세계와 물질세계를 융합하려는 시도들도 나타났다.

이때 정신세계는 인간의 "의식적 자아"와 연관된다. 프로이트는 무의식의 개념을 통해 그러한 인간의 의식적 자아에 균열을 내었고, 의식적 자아는 강력한 무의식의 외향적 측면에 불과한 환상이라고 주장한다.

자아에 대한 프로이트의 주장은 매우 혁명적이었다. 세상에 대한 이해의 중심을 근본적으로 뒤흔들어 놓은 것이다. 프로이트에게 의식을 통해 드러난 세계는 전체의 작은 일부분에 지나지 않는다. 인간의 의식으로 회상될 수 있는 것은 단지 바다 위의 떠 있는 빙산의 부분이라는 것이다. 반면, 빙산 대부분인 무의식은 물속에 잠겨 보이지 않는다. 그러나 빙산의 움직임과 방향, 그리고 무게중심을 결정하는 것은 사실상 의식적 자아인 물 위에 떠 있는 빙산의 부분이 아니라 물속에 잠겨 보이지 않은 무의식이다. 프로이트에게 인격의 핵심은 인간의 의식이 아니라 무의식에 있었다.

〈지그문트 프로이트〉(블레이크 플릿우드, 2015)[71]

프로이트는 무의식의 개념을 다양한 임상적 사례와 증거들을 통해 인간은 의식되지 않은 상태에서 사고하고 행동한다는 것을 증명해 낸다. 담론적 차원을 넘어선 실험연구의 결과는 그동안의 주체 개념과 주체철학을 해체하는 결정적인 역할을 하게 된다.

그러나 정신적인 치료의 과정에서 발견한 무의식을 보편화시키기 위해서는 또 다른 증명이 요구되었다. 프로이트는 인간의 무의식은 우연적이거나 특수한 상태에서 발생하는 것이 아니라는 것을 증명하기 위해 인간의 꿈을 분석하고 해석한다. 그 결과 무의식은 보편적으로 인간 전반에 걸쳐 존재한다는 사실을 증명한다. 인간의 내부에는 자신도 알 수 없는 존재가 있다. 이러한 사실은 자아의 중심성을 상실하게 하는 결과로 나타나며, 그 결과 인간 주체와 의식은 동일시될 수 없다는 것이 밝혀진 것이다.

프로이트는 자신의 이론을 '이드(id)', '자아(에고: ego)', '초자아(슈퍼 에고: surperego)'라는 개념을 통해 설명한다. 먼저 이드는 인간의 충동적인 측면에서의 욕망을 의미한다. 인간은 충동적으로 나타나는 욕구를 충족하고자 하는 욕망이 있으며 쾌락적인 원칙에 따르고자 하는 존재이다. 그러나 그러한 충동적인 욕망은 초자아에 의해 억압을 받게 되는데, 초자아는 주체가 따라야만 하는 그 무엇을 의미한다. 그것은 주체 안에 존재하는 타자로서, 자아가 태어나기 전부터 이미 존재하는 사회적 질서 등을 의미한다. 초자아는 주체의 욕망과 무관하게 작동하며, 자아 안에 주체를 움직이게 하는 역할을 한다. '충동적 욕망인 이드'와 '이를 억압하는 초자아'는 자아의 의식과 무의식을 서로 충돌하게 하며 이로 인해 자아를 분열시키는 상황으로까지 나아가게 한다. 이러한 과정에서 자아는 주체의 자기보존을 위해 자신의 욕구가 안전한 방식으로 충족되도록 발생하는 충동을 억압할지, 또는 연기할지 등을 결정하게 된다. 현실적인 원칙에 따라서 이드와 초자아와의 관계를 조정해 나아가도록 하는 것이 바로 자아인 것이다. 그러나 이러한 자아가 제대로 작동하지 않는다면 자아는 트라우마를 경험하게 되는데, 이때 초자아를 통해 극복하려는 시도들이 나타난다.

이러한 프로이트의 무의식 이론을 교육적 상황에서 다시금 살펴보면 아이들의 이드는 충동적인 욕망을 의미하며, 초자아는 부모나 교사 등 사회적 규범에 의해 무의식적으로 내면화된 것을 의미한다. 아이들은 이드와 초자아의 충동을 조절해 나아가게 되는데, 이는 사회화의 과정으로 자아를 통해 점차 성장해 나아가는 것이다. 그러나 이때 자아가 약한 아이들은 충동적인 욕망과 도덕적 규범인 초자아 사이에 나타나는 충돌을 조정하는 능력이 부족하여 그 결과 트라우마를 경험하게 된다.

이드와 초자아, 그리고 자아와의 관계는 순차적으로 발생하는 과정은 아니다. 또한, 초자아는 아이들에게 때때로 위협으로 나타나기도 하며 반대로 아이들의 행동과 생각을 소명해 주는 역할을 하기도 한다. 따라서 교육은 자신의 욕망과 사회적 규범 사이의 간격을 조절해 낼 수 있도록 자아의 능력을 성장시켜 주는 데 있다.

프로이트는 사회화를 위한 욕망의 억압과 통제는 피할 수 없는 과정으로 보았다. 이드와 초자아와의 충돌, 자아를 통해 조정해 나가는 과정은 아이들로 하여금 비로소 인간의 질서에 들어가게 하는 과정인 것이다.

이러한 무의식에 대해 프로이트는 인간의 성적인 충동과 연관 지어 설명하고 있는데, 성은 인간 개념의 핵심적인 역할을 하기 때문이다. 인간의 성적 욕망은 때로는 도덕적으로 용납되기 어려운 충동으로 나타난다. 여기에서 바로 '오이디푸스 콤플렉스'라는 개념이 등장한다. 프로이트는 남자아이는 어머니와 성적으로 교감하고자 하는 충동을 갖고 있으며, 이를 억압하는 아버지라는 존재를 죽이고 싶은 욕망을 갖게 된다고 보았다. 이러한 욕망은 도덕적으로 납득될 수 없는 욕망이기에 남자아이들의 무의식 차원에 존재하게 된다.

그러나 이때 프로이트가 말하는 성(sexual)의 개념은 생식기(genital) 개념과는 엄격하게 구분된다. 프로이트가 주장하는 아동기의 성과 성적 일탈은 출생한 이후 상당히 어린 시기부터 나타나는 현상으로, 생식기의 변화에 따른 2차 성장 시기인 사춘기에 나타나게 되는 성을 의미하는 것이 아니다. 프로이트의 성 개념은 광범위한 활동들을 포함하기 때문에 단순히 생식기(genital)적 개념으로 해석될 수는 없다.[72]

인간의 성 본능 에너지는 리비도(Libido)라 불리는데, 프로이트는 리비도가 어떻게 작동되는가에 따라 인간의 성격을 제각기 다른 모습으로 성장시킨다고 보았다. 각 단계는 구강기, 항문기, 남근기, 잠복기, 생식기로 구분되며, 구강기부터 남근기까지 충분한 성적 쾌감을 느끼지 못했을 경우 성에 지나치게 몰두하는 경향을 보이며 고착 현상이 나타난다고 하였다. 잠복기는 5살부터 청소년기 이전을 의미하며, 생식기는 청소년기 이후의 상태를 말한다.

먼저 구강기(oral stage)를 살펴보면 이 시기는 0세에서 1세까지로 구강을 통해 성적인 욕구가 충족되는 시기이다. 아기가 어머니의 젖가슴을 빠는 행위나 손에 물체가 잡히면 무조건 입으로 가져가 빨려는 행위는 단지 배가 고파서 나타나는 현상으로 볼 수 없으며 성적인 쾌감을 얻고자 하는 행위인 것이다. 이러한 성적인 행위는 본능이다. 인간은 이미 태어날 때부터 성적인 존재로 살아가는 존재인 것이다. 이 시기 성적 만족이 충족되지 않으면 손가락 깨물기, 과음, 과식, 흡연, 남을 비꼬는 일 등의 행동으로 나타나게 된다.

다음으로 항문기(anal stage)는 1세부터 3세까지의 시기로 항문 근육의 자극을 통해 성적인 욕구가 충족되는 시기이다. 아이들은 종종 놀이에 집중하다가 화장실에 가는 것도 잊어버리는 경우가 발생한다. 그러나 대소변을 참고 있다가 급하게 화장실로 달려가기도 하는데, 이 시기 아이들은 배설물을 보류하고 있다가 방출하는 과정에서 쾌감을 느끼는 것이다. 아이들은 부모에 의해 대소변을 훈련하는 과정에서 사회적 제지를 경험하게 되는데, 대소변을 더러운 것으로 인식하게 되면 이후 지나치게 결벽적인 행동으로 나타나게 된다.

남근기(phalic stage)는 3세에서 6세까지의 시기로, 리비도가 성기에 집중되며 부모를 성적인 애착 대상으로 삼아 성적 욕구를 충족하는 시기이다. 이 시기 남아는 오이디푸스 콤플렉스(oedipus complex)를 느끼며 어머니를 성적으로 대상화하는 반면 아버지는 억압의 대상으로 인식한다. 이 과정에서 남아는 자신의 남근이 아버지에 의해 거세당할지도 모른다는 불안을 경험하게 된다. 여아의 경우 엘렉트라 콤플렉스(electra complex)를 느끼게 되며 이성적 존재로서 아버지를 좋아하게 된다. 남아와는 달리 자신에게는 남근이 없다는 사실을 알게 되며 남근을 부러워한다. 이 시기 아이들은 콤플렉스를 극복하기 위해 남아의 경우 아버지와 같은 남성다움을 갖고자 아버지와 동일시하려는 현상이 나타나며, 여아의 경우 자신처럼 남근이 거세당한 어머니와 동일시하려는 경향이 나타난다. 이 시기 성적 만족이 충족되지 않을 경우, 성불감증, 신경성 질환 등이 나타날 수 있다.

잠복기(latent stage)는 6세부터 11세까지 초등학교에 다니는 시기로 리비도가 무의식에 잠복해 있는 시기이다. 이 시기 아이들의 성적인 욕구는 내면에 억압되어 있으며, 심리적으로는 비교적 평온한 시기이다. 아이들은 성적인 관심보다는 외부세계나 동성 친구에게 관심이 집중된다.

마지막으로 생식기(genital stage)는 11세 이후 신체적으로 성숙한 시기로, 이성을 통한 결합으로 성적인 만족을 느끼는 시기이다. 그동안 잠재되었던 성적인 욕구가 다시 일어나는 시기로서 사춘기부터 노년기까지 오랜 기간 해당된다.

이처럼 인간의 성격 형성 등 인간에 대한 이해를 성 개념으로 해석한 프로이트의 시도는 당시 엄청난 비난을 받는다. 그러나 프로이트는 그동안의 성 관념을 변화시키는 데 혁명적인 역할을 하였으며, 무의식의 개념을 통해 철학적 지반이 되었던 인간의 의식에 대한 관점을 허물었다는 것에서 의의가 있다.

이러한 프로이트의 이론이 교육에 주는 의의는 먼저 교육은 보이는 성과로서 인간의 외적인 부분에 집중하기보다, 인간 내부를 이해하고자 하는 성찰이 필요할 것이다. 앞서 빙산의 비유를 통해 밝힌 것처럼 사실상 인간을 작동시키는 동력은 인간의 내부에 있기 때문이다.

반면 프로이트는 인간의 성장을 위해서 본능(이드)의 억압[73]은 반드시 필요하다고 여겼다. 타자에 의한 강제를 정당화한 것이다. 그러나 이때 중요한 것은 타자의 위치일 것이다. 프로이트에게 타자는 외부에 존재하는 타자가 아니라, 내부에 존재하는 타자이다. 따라서 엄밀하게 이때의 타자는 아이들과 전적으로 분리된 존재라고 볼 수는 없다. 프로이트에게 아이들은 자신의 욕망과 세상의 규범 속에서 갈등하는 존재이며, 이러한 갈등을 조정하는 과정에서 성장하게 된다고 보았다. 결국 교육은 밖에서 안으로 교사나 부모에 의해 강제되기보다, 안에서 밖으로 아이들 자신에 의해 내부적으로 받아들여질 때 유효한 것이 된다.

몬테소리(Maria Montessori)의 사상과 교육

몬테소리(1870-1952)는 이탈리아 최초의 여의사이다. 그녀는 의사로 근무할 당시 우연히 병원 한쪽에서 아무런 놀잇감도 없이 방치된 정신지체 아이들을 보게 된다. 아이들은 식사시간이 되어 빵이 주어졌는데, 지급된 빵을 먹기보다 빵으로 무언가를 만들며 조작하고 있었다. 그 모습을 바라본 몬테소리는 그들에게 필요한 것은 의학적인 처치보다는 교육적 지원임을 깨닫게 된다. 이후 의사로서의 삶보다는 교육자로 사는 삶을 선택한다.

몬테소리는 그의 학문적 배경이 되는 의학, 교육학, 심리학, 인류학

등을 통해 그의 교육학적 이론을 과학적으로 체계화하였으며, 정신지체아를 위한 교육을 일반 아이들에게까지 확장한다.[74]

몬테소리 교육을 이해하기 위해서는 먼저 몬테소리 사상의 배경이 되는 인간관에 대한 이해가 선행되어야 할 것이다. 지금의 교육은 몬테소리 사상의 본질적 의미보다 실제성에 비중을 두어 기술적인 측면에 치우쳐 설명되고 있다. 이러한 배경에는 그동안 이론적인 측면에 치우친 교육을 실제성과 더불어 양립하려는 과정에서 이론과 실제가 이분법적으로 분리되어 나타났기 때문이다.[*]

〈마리아 몬테소리〉(제니퍼 로빈스, 2014)[75]

---

[*] 이는 실용주의적 측면에서 몬테소리 교육이 본질적인 이해가 부재한 채 교구 활동으로 전락되어 버린 지금의 교육적 상황을 의미한다.

몬테소리는 루소, 페스탈로치 등 자연주의 사조에 영향을 받은 사상가이며, 프뢰벨과 더불어 인간을 신적인 존재로 이해한 사상가이다. 몬테소리는 아이들을 누군가에 의해 채워 주어야만 하는 빈 그릇과 같은 존재로 보지 않았다. 그러한 관점에서 아이들은 열등한 존재이며 무능력한 존재이기 때문이다. 그동안 아이들에 대한 이해는 어른에 의해 형성되었고, 아이들의 행위에 대해서도 어른의 척도에 의해 판단되었다. 어른들은 아이들의 본보기로서 따라야 하는 존재였으며 어른들과 다른 아이들의 모습은 그 자체로 결점으로 받아들여졌다.[76]

몬테소리는 아이들을 향한 이러한 관점에 문제의식을 갖고 있었다. 그러한 문제의식은 아이들을 그 자체로 하나의 완전한 존재로 바라보게 하였으며, 그동안 어른들에 의해 억압되어 온 아이들 내면의 힘을 발견하게 하였다. 몬테소리는 오히려 어른에 의해 아이들의 내면에 내재된 욕구가 계속 억압된다면, 내면의 힘을 끄집어내지 못해 아이들은 왜곡되고 삐뚤어진 성격의 소유자로 자라게 될 것이라 하였다. 따라서 아이들은 자신의 내면의 본래의 모습을 표출하여 진정한 천성을 향해 정상화(normalization)시켜야 한다고 본 것이다.[77]

"아이들은 자신을 통하여 스스로 표현하려는 성향인 내적 에너지를 갖고 있다."[78] 이미 아이들은 감각적 경험을 갖기 이전에, 이성적으로 사고하기 이전에, 더 나아가 태어나기도 전에 신(영)적인 존재로서 "내적 에너지를 가진 존재"인 것이다. 몬테소리는 아이들의 내면의 힘은 자기 창조를 가능하게 하며, 물질세계와의 만남을 통해 자기 안에 세계를 흡

수함으로써 대상을 지각할 수 있게 된다고 보았다.

몬테소리는 교육 이론가이면서도 교육 실천가이다. 아이의 내적 에너지를 중요시하였던 몬테소리에게 교육은 주어진 자극에 수동적으로 반응하는 과정이 아니라, 외부 환경과의 능동적인 만남을 통해 탐색하고 반응하는 과정에서 배움을 성취한다고 보았다. 따라서 교육은 교사와 같이 성인에 의한 가르침의 결과로서 얻게 되는 것이 아니라. 환경을 통해 스스로 알게 되는 것이다.

몬테소리는 각각의 아이들은 성장 과정에 따라 발달 단계에 있어 개인차가 있다고 보았다. 따라서 교육은 교사를 중심으로 획일적인 형태로 전개될 수 없으며 아이를 중심으로 개별화된 접근이어야 할 것이다. 교육은 아이들의 민감기(sensitive period)에 따라 적절한 교육적 환경을 제공할 때, 최적화된 활동을 유발할 수 있다.[79] 몬테소리는 이를 위해 아이들이 스스로 자기활동(work, 노작)을 할 수 있도록 교구를 만들었으며, 교구를 통해 자발적으로 자기활동을 선택하여 작업할 수 있도록 하였다.

아이들의 자기활동을 중요시한 몬테소리에게 교사는 가르침보다는 지도자(directress)로서의 역할을 갖는다. 지도자로서의 교사는 '소극적인 존재'로서 아이들에게 방해가 되지 않도록 한걸음 물러서 아이들을 관찰하는 역할로 존재하게 된다. 또한, '적극적인 존재'로서 교사는 아이들이 자기활동을 할 수 있도록 아이의 민감기에 반응하며 환경을 조성하는 존재이기도 하다. 교사는 아이들이 자기활동을 펼칠 수 있도록 준비된 환경을 통해 동기를 유발할 수 있어야 할 것이다. 그러한 과정에서

가급적 아이의 잘못된 행동에 대해서 지적을 하거나 수정해 주기보다, 아이들이 스스로 잘못을 깨달을 수 있도록 해야 할 것이며 행위, 칭찬, 주의, 조력 등에 대해서도 아이의 자기활동을 방해하지 않도록 주의해야 할 것이다.[80]

듀이(John Dewey)의 사상과 교육

주체 중심의 절대적인 진리관의 해체는 교육에 있어 근본적인 변화를 요구하였다. 전통적인 관점에서 학교교육은 객관화된 진리를 전제하기 때문에, 일정한 기준이 되는 교육목표를 설정하고 아이들을 그 기준에 일치시키는 과정으로 전개되었다. 이러한 관점에서 교육은 교과서에 지나치게 의존하였으며, 교과

〈존 듀이(1859-1952)〉

서의 내용을 절대적인 기준으로 작동시켜 아이들에게 무조건 따르도록 한 것이다.

듀이(1859-1952)는 전통적 교육은 아이들의 자유를 억압하며, 아이들로 하여금 이미 만들어진 틀 속에 가두어 버리는 결과를 나타나게 한다고 보았다. 이러한 비판은 듀이로 하여금 아동 중심, 활동 중심 교육을

주장하게 되는 배경이 된다.

듀이는 지식을 절대적으로 고정된 것으로 보기보다 계속적으로 발전하며 변화되는 것으로 이해하였다. 따라서 교육은 정해진 교육과정을 주입식으로 전달하는 과정으로 진행되어서는 안 되며, 발전되어 가는 지식의 변화에 함께 참여하는 과정으로 전개되어야 할 것이다. 듀이는 이를 위해 경험의 중요성을 언급한다. 실재가 갖는 본질적인 의미는 그 자체로 존재하는 것이 아니라 인간의 활동에 의해서 의미 있게 구성되는 것[81]이다. 듀이에게 교육은 "경험의 끊임없는 재조직 혹은 재구성"[82]의 과정인 것이다.

교육은 고정되어 이해될 수 없으며 살아 있는 유기체인 아이와 아이를 둘러싼 환경 간의 적극적인 상호작용을 통해 가능하다. 그것이 성장이고, 그 성장을 유지하는 것이 교육인 것이다. 듀이에게 교육은 그 자체로 성장을 의미하며, 아이들은 교육으로 인해 성장하게 되는 것이 아니라, 생명력을 가진 아이들의 성장이 곧 교육이다.

이러한 관점에서 고정된 교육적 목표는 유기체인 아이들의 생리와 맞지 않다. 듀이는 "총을 쏘기 위해 과녁을 장치하는 경우처럼, 목표라는 것은 우리 앞에 총을 쏘는 활동이 종료된 후, 비로소 대상 앞에 세워지는 것이다."[83] 이를 가시목표(end-in-view)라고 한다. 이는 교육목표를 정하지 말라는 의미가 아니다. 목표를 교육과 일치시키기 위해 목표를 위한 교육을 하지 말라는 의미이다. 예를 들어 농부가 있다. 농부는 작물을 키우기 위해 미리 어떠한 목표를 설정하고 그 목표에 맞춰 작물을 키우기보다, 그때그때 조건에 따라 상황을 조정해 가며 작물을 기를 것이다. 아동의 성장 과정도 이와 같다. 교육은 궁극적인 교육적 목표에 매몰되어서는 안 되며 오히려 목표에서 벗어나 아이가 처한 상황과 수준에 따라 유동적으로 전개되어야 할 것이다.[84]

교육은 아이들의 흥미와 호기심으로부터 시작되어야 한다. 이때 아이들의 흥미는 무절제한 욕구를 의미하는 것은 아니다. 듀이는 아이들을 내적 성향에 따라 무질서하게 표현하도록 놔두는 것은 오히려 방임으로 보았다. 교육은 아이들의 본능적인 충동이나 습관을 넘어 뚜렷한 질서와 방향성을 갖고 더 나은 상태로 발전해 나아가도록 해야 한다고 본 것이다.

이러한 듀이의 교육관이 갖는 의의를 살펴보면, 여전히 지금의 교육은 듀이의 교육학적 관점보다 듀이가 비판하는 전통적인 관점에 가깝다는 것을 알 수 있다. 아이들의 생활과 성장을 그 자체로 교육으로 바라보기보다, 주어진 교육과정에 따라 교육목표를 설정하고 그 목표에 아이들이 부합한지 평가하는 과정으로 진행되고 있다. 학교라는 시스템은 다수의 아이들을 교실이라는 제한된 공간에서 교육하게 함으로 개별적 아이들의 성장발달에 맞는 교육이 진행되기보다, 정해진 과정에 아이들을 맞추는 결과를 초래하였다.

반면 듀이가 추구하는 이러한 교육관은 교육에 대한 회의로 나타날 수 있다. 그러나 교육에 대한 본질적인 차원에서 시작된 이러한 문제의식이 있을 때 비로소 실천적인 차원과 더불어 변화될 수 있는 시도들이 나타날 수 있을 것이다. 이를 위해 교육은 삶이라는 좀 더 포괄적인 차원에서 이해되어야 할 것이며 단일하고, 고정된 채 이해되기보다 "변화하고, 움직이며 개별적인 선과 다양한 목적"을 추구하는 과정으로 나아가야 할 것이다.[85]

피아제(Jean Piaget)의 사상과 교육

사상가의 이론은 시대적 흐름에 따른 이해가 요구된다. 시대성을 망각한 단절된 이해는 사상가들이 무엇을 말하고자 하는지 본질적인 의미가 간취되기 어렵다. 후기 현대적 관점에서 인식의 차원으로 인간의 발달을 설명한 피아제(1896-1980)의 이론은, 흔히 객관적이고 보편적인 주체와 인식단계를 상정한 것이 아니냐는 비판을 받는다.[86] 그러나 듀이와 동시대를 살아간 피아제 역시 형이상학적인 실체에 대한 의문을 갖고 있었다.

이때 듀이의 경우 인간의 성장을 '경험의 재구성'으로 이해하고자 하였다면, 피아제는 인간의 성장을 '인식의 재구성'으로 설명하고자 하였다.

피아제는 인간의 인식은 환경과의 상호작용을 통해 끊임없이 재구성된다고 보았다. 이를 위해 상호작용의 메커니즘을 연구하였으며, 인간이 어떻게 세상을 인식해 가는지 살펴보고자 하였다. 피아제는 인간의 인식은 처음부터 완전한 형태로 출현하는 것이 아니라, 환경과의 상호작용을 통해 초기 인식의 구조를 변형시켜 발전적인 단계로 나아간다

고 보았다.[87] 이 단계는 동화(assimilation), 조절(accomodation), 평형화
(equilibrium)의 과정을 통해 전개된다.

〈진 피아제〉(헬리오 테제이라, 2015)[88]

이제 태어난 지 얼마 되지 않은 아기가 있다. 아기는 입으로 무언가를
집어넣고 빨면 몸속에 엄마의 모유가 들어온다는 사실을 알고 있다(동
화). 아기는 엄마의 모유를 먹기 위해 손을 내밀어 무언가를 가져다 입
에 물고 빨아 보았다(조절). 그러나 그것은 딸랑거리는 소리만 낼 뿐, 엄
마의 모유는 나오지 않았다. 아기는 딸랑거리는 것은 아무리 빨아도 모
유가 나오지 않는다는 것을 알게 된다(평형화).

이러한 인식의 과정은 적응의 과정으로도 이해될 수 있다. "적응(adaptation)은 인간 기능의 가장 중요한 요소"로서, 적응을 유도하는 것이 동화와 조절인 것이다. 적응은 "동화와 조절이 보완적으로 이루어지는 과정"[89]이다. 이때 평형화의 상태가 적응된 상태이다.

피아제에게 인식은 고정된 채로 존재하는 것이 아니라 점차 변화되는 것이다. 연속적인 인식의 과정을 통해 균형은 불균형으로, 또다시 불균형은 균형으로 반복되며 점차적으로 발전된다. 그러나 이러한 발전은 개인에 따라 차이가 나타난다. 따라서 교육은 정해진 발달 단계에 맞춰 아이들을 틀에 가두기보다 아이들의 개별적인 리듬에 맞춰 진행되어야 한다. 즉 아이들의 능동적인 행위의 중요성이 강조되고 있는 것이다.

피아제는 지식을 외부로부터 주입되어 알게 되는 것으로 이해하지 않았다. 인식주체인 아이가 자신이 가진 지식과 불균형을 이루는 환경과 대면함으로 스스로 불균형을 해소해 나아가는 과정에서 통합된 체계로 알게 되는 것이다. 이러한 과정은 매우 느리고 복잡하게 전개되기 때문에 효율성을 추구하는 지금의 교육시스템에서는 피아제의 이론이 답답하게 여겨질 수도 있다. 그러나 "피아제는 아이가 시간을 끄는 것은 나쁜 일이 아니라고 보았다. 오히려 너무 빨리 진행하게 되면 동화가 맺는 열매를 축소시킨다고 보았다."[90]

피아제는 아이들이 준비되지 않은 상태에서는 아무리 강한 자극이 주어져도 그러한 자극을 받아들일 수 없다고 보았다. 아이들이 걷게 되는 것은 걸을 수 있는 상태가 되었기 때문에 비로소 걷게 되는 것이다. 이

교육과 철학의 얽힘

러한 아이들의 준비단계를 이해하기 위해 피아제는 인지발달의 과정을 4단계로 구분하여 감각·운동단계와 전 조작단계, 구체적 조작단계와 형식적 조작단계로 설명한다.[91]

먼저 감각·운동단계(Sensorimotor stage)는 인간의 출생부터 2세까지 해당된다. 이제 갓 태어난 아기를 살펴보면 아기는 이미 태어날 때부터 반사 능력을 갖고 있다. 아기는 반사 능력을 통해 끊임없이 환경에 반응하며 조절을 시도하게 된다. 예를 들어 아무 때나 울음을 터뜨렸던 아기가 배가 고플 때 혹은 대소변을 보았을 때 울음을 표현하게 되는 것이다. 이런 아기의 반사 동작은 점점 더 세련된 형태로 변화되어, 고무로 된 젖꼭지는 배가 고플 때 빨아도 아무 소용이 없음을 지각하게 된다. 이 시기 세계에 대한 이해는 자기의 직접적인 경험을 통해 지각된다. 이러한 행동은 단번에 습득되는 것은 아니며 우연히 여러 번 반복되는 상황을 통해 얻어진 결과이다.

또한, 아기는 감각·운동단계 후반에 대상에 대한 영속성(object permanence)의 개념이 획득되는데, 대상이 자기와 별도로 존재하고 있음을 깨닫게 되는 것이다. 예를 들어 6개월이 된 아기에게 딸랑이를 보여 준 뒤 딸랑이를 감추면 아기는 그것을 찾으려 하지 않는다. 그러나 18개월에서 24개월 사이의 아기에게 같은 행동을 한다면, 아기는 딸랑이를 찾기 위한 행동을 취할 것이다. 이는 영속성의 개념에서처럼 대상이 눈앞에서 사라져도 여전히 존재한다는 것을 이해할 수 있는 시기이다.

전 조작단계(Preoperational stage)는 2세에서 7세까지의 아이들에게 해당된다. 이 시기는 아직 논리적이며 추상적인 사고가 발달되지 않은 시기로 아이들은 감각에 의존하여 세상을 이해한다. 전조작기는 전 개념기인 2세에서 4세 사이의 단계와 직관적 사고기인 4세에서 7세 사이의 단계로 구분되는데, 먼저 전 개념기 단계의 아이들은 언어를 사용하기 시작하는 단계이다. 직관적 사고기 단계는 문제해결을 위해 직관적인 사고를 하게 되는 시기이다. 이때 직관적 사고는 논리적인 연결이 없이 인과관계를 통해 추리하는 과정이다. 그러나 이러한 추리는 자기중심적이며 불완전한 전 논리적(prelogical)인 추리로서, 모순되고 왜곡되게 이해하려는 경우가 자주 발생한다.

이 단계는 호기심이 많은 시기로 아이들은 새로운 것을 탐색하며 질문을 시도한다. 그러나 아직까지 논리적이며 추상적인 사고가 발달되기 전이라 제한된 자기의 감각 경험을 통해 배우게 되며 경험이 없는 경우 설명을 꾸며 내기도 한다. 이시기 아이들은 자연현상을 인간이 만든 것이라는 인공론(artificialism)적 사고와 모든 것에는 생명이 있다는 물활론(animism)적 사고를 갖는데, 그러한 사고가 아이들의 혼동으로부터 설명을 꾸며 낼 수 있게 해 준다.

구체적 조작단계(Concrete operational stage)는 7세부터 11세까지 해당된다. 이 단계에서 아이들은 가역성(reversibility)을 통해 사고의 방향을 바꿀 수 있으며, 정신적인 조작이 가능해진다. 조작은 내면화된 행동을 의미한다. 이시기 아이들은 이전의 행동을 생각할 수 있는 시기이다. 예를 들어 자신이 놀다가 놔둔 장난감을 찾기 위해 집 전체를 뒤지지 않아도, 어디에 장난감을 두었는지 기억해 내는 시기이다.

구체적 조작단계는 물리적으로 존재하는 것만을 조작할 수 있는 시기로 아이들은 물체의 특징에 따라 색, 모양, 크기 등 종류별로 분류하거나 유목화, 또는 서열화(seriation)를 할 수 있다. 더 나아가 수, 양, 넓이, 무게, 부피와 같은 양들이 물리적인 외양이 변화해도, 그대로 보존(conservation)된다는 것을 아는 시기이다. 부피의 보존에 대해 아이들이 어떻게 인식하는지 피아제의 대표적인 실험을 통해 살펴보자면, 먼저 아이들에게 똑같은 두 잔의 주스 잔을 보여 주면서 "어느 것이 더 많니?"라고 질문을 한다. 그러면 전조작기와 구체적 조작기 아이들은 둘다 주스의 양이 똑같다고 말할 것이다. 그럼 이번에는 두 잔 중 한쪽은 가늘고 긴 잔에 주스를 옮겨 담는다. 그런 다음 아이에게 똑같은 질문을한다면 전 조작기 단계의 아이는 가늘고 긴 잔의 주스가 더 많다고 말할 것이다. 반면 구체적 조작기 단계의 아이들은 보존능력으로 인해 주스잔이 바뀌어도 주스의 양이 변하지 않는다는 것을 이해하고 있다.

형식적 조작단계(Formal operational stage)는 11세부터 16세의 청소년기에 해당한다. 이 시기의 청소년은 공간과 시간과 같은 추상적인 사고가 가능하며, 가설적인 사고를 통해 연역적 추리를 시작할 수 있다. 이 시기 청소년은 문제 해결을 위해 다양한 관점에서 사고하며 융통성 있고 체계적인 답을 찾게 된다. 사고에 대한 사고와 조작에 대한 조작이 가능하며 도덕적 판단 능력과 내적 가치체계가 발달하는 시기이기도 하다.

이처럼 피아제는 인간의 인지발달을 4단계로 구분하여 인간의 발달을 이해고자 하였다. 이는 아이들을 이러한 발달의 단계에 따라 학습하도록 강제하기 위한 이론이 아니다. 앞서 피아제의 사상적 배경을 통해 살펴보았듯이 아이들은 환경과의 능동적인 상호작용을 통해 성장해 나아가기 때문이다.

반면 피아제는 인간의 정신구조는 형식적 조작단계 이후에는 새로운 것이 나타나지 않는다고 보았다. 이후의 성장은 인지구조의 성장이 아니라, 지식의 양의 증가와 지식에 대한 이해의 깊이에 따른 차이가 나타난다고 본 것이다. 따라서 성인은 인지적으로 이미 삶을 꾸려 나갈 수 있는 정신적 도구를 갖추고 있다고 보았다.[92]

피아제의 이론이 교육에 주는 의미를 살펴보자면, 피아제의 구성주의적 이론은 성숙주의 이론과 대립적인 관계로 이해될 수 있다. 이는 구성주의에서 추구하는 발달에 적합한 교육이라는 관점이 아이들을 발달해야 하는 존재로 이해하는 과정에서 각각의 단계를 그 자체로 의미화하기보다, 전 단계는 다음 단계를 위한 준비단계로 받아들이게 하였기 때문이다.

그러나 앞서 언급하였듯이, 피아제 이론의 학문적 배경을 이해한다면 이러한 문제는 피아제의 이론에서 나타나게 된 문제가 아니라, 후기 현대사회에서 피아제의 이론을 결과론적으로 받아드린 것에 대한 문제였다. 피아제는 인간을 환경과의 유기적인 상호작용을 통해 성장하는 존재로 보았다. 또한, 피아제가 말하는 발달 단계는 단계에 따라 교육을 해야 한다는 것을 의미하는 것이 아니라, 아이들의 성장 과정을 이해하기 위한 시도였다. 아이들은 세상과 대면함으로 스스로 불균형한 상태에서 균형을 찾아가는 존재이기 때문이다.

비고츠키(Lev Semenovich Vygotsky)의 사상과 교육

앞서 몬테소리와 듀이, 그리고 피아제의 이론은 민주주의라는 시대성을 통해 개인적인 측면에서 교육을 이해한 반면, 그 당시 소련 사람이었던 비고츠키(1896-1934)는 사회주의의 영향으로 인해 개인보다는 사회·문화적인 측면에서 교육을 바라보고자 하였다는 차이를 갖는다.

이는 지식관에 대해서도 차이를 나타내는데, 민주주의 측면에서 지식은 개인의 내적인 구성 능력을 통해 발생한다고 이해한 반면, 사회주의자인 비고츠키에게 지식은 사회·문화로부터 개인 내 지식으로 내면화되어 간다고 보았다.

이러한 비고츠키의 이론은 이미 사회·문화적으로 객관화되고 절대화된 지식을 그저 습득(내면화)하는 과정으로도 이해될 수 있다. 그러나 앞서 반복적으로 언급하였듯이 사상가들의 이론은 시대성을 반영한다. 그 당시 근대성이 갖는 문제의식은 현대사회에 전반적으로 내재되어 있었고, 비고츠키 역시 극복하고자 하였던 문제이기도 하다.

비고츠키는 사회·문화적 산물로서 개인 밖에 존재하는 지식은 인간에게 내면화되는 것으로 끝나는 것이 아니라, 다시금 인간의 의식에 의해 사회·문화가 재창출된다고 보았다. 이러한 과정은 마르크스의 유물론적 변증법을 통해 이해될 수 있다. 인간의 정신은 사회·문화적 제도에 영향을 받으며, 사회·문화적 제도에 의해 구속된다. 그러나 정반합으로 나아가는 과정에서 새로운 합의 개념으로 인해 사회·문화적 제도가 재창출된다는 것이다. 이러한 측면에서 비고츠키의 사상은 사회·문화이론으로도 불린다.[93]

〈비고츠키〉(Lev Vygotsky Image Gallery)[94]

비고츠키의 이론은 피아제의 이론을 통해 선명하게 이해될 수 있다. 비고츠키가 피아제의 이론에 대한 비판적 사유로부터 자신의 주장을 피력해 나갔기 때문이다. 피아제는 인식의 발달과정을 주관적인 존재인 개인으로부터 사회로 나아간다고 보았다. 이러한 접근은 인간이 어떻게 지식을 구성하고 확장해 나아가는가에 대해 이해를 제공하는 반면, 교육학적인 측면에서 교육이 인간의 발달에 직접적으로 어떠한 영향을 미치는가에 대해서는 설명해 주지 못한다.[95]

비고츠키는 지식을 사회로부터 개인으로, 다시금 사회로 나아가는 과정을 거치게 된다고 보았다. 이때 사회는 간주간적인 상태를 의미한다. 따라서 지식은 개인적인 측면을 넘어 관계적인 측면에서 이해되어야 한다는 것이다. 관계는 완전성을 전제한 존재들 간의 관계를 의미하는 것은 아니다. 발달 잠재성이 내재된 불완전한 존재들과의 관계를 말한다.

비고츠키는 인간이라는 존재는 자신의 불완전성을 인식할 때, 이를 보완하고자 하는 본능이 있다고 보았다. 그 결과 이전과는 다른 상태로 발달하게 되는 것이다. 따라서 개인은 자신의 결여라는 손상(defect)을 인식할 때 비로소 발달이 가능하다.[96] 그렇기 때문에 관계는 같은 수준의 존재들과의 만남보다는 다양한 발달수준을 가진 존재들 간의 관계를 통해 자신의 결여(손상)를 발견하게 하는 것이 중요하다.

예를 들어 피아제의 경우 갓 태어난 어린아이가 어떻게 지식을 습득하는지 동화와 조절의 과정을 통해 살펴본 바 있다. 그러나 비고츠키는 어린아이의 혼잣말을 근거로 어린아이는 단순히 인지의 미성숙함이나 자기만의 생각을 표현하기 위해 혼잣말을 하는 것이 아니라고 보았다. 태어난 지 얼마 되지 않은 어린아이를 살펴보면 입술을 오물거리며 중얼거리는 모습을 관찰된다. 그러한 중얼거림은 어린아이가 성장한 이후 언어적인 표현으로 나타나게 된다. 언어적인 표현이 가능해진 아이는 외형화된 중얼거림이 사라지고, 내면화된 사회적 언어로서 내적 언어체계가 발달하게 된다.[97] 즉 어린아이의 혼잣말은 사고와 행동을 위한 의사소통으로써 문제 해결을 위한 사고의 과정인 것이다.[98]

비고츠키에게 언어라는 것은 피아제의 이론에서처럼 개인적인 측면인 내면으로부터 나타나게 되는 것이 아니라, 사회·문화적인 측면에서 타인으로부터 받아들이게 되는 것으로 보았다. 세상과 의사소통을 하기 위해서는 사회적 언어가 먼저 요구되기 때문이다. 따라서 지식을 내면화하기 위해서는 사회적 언어체계를 먼저 받아들여야만 한다. 이처럼 비고츠키는 사고발달을 위한 매개수단으로 언어의 중요성을 강조한다. 사고가 발달하기 위해서는 언어가 먼저 발달해야 한다고 보았으며, 이때 혼잣말은 어린아이의 내적 언어(inner speech)로서 내적인 사고를 조직하는 데 중요한 역할을 한다.

비고츠키에게 아이의 발달수준은 현재의 발달수준만으로는 이해될 수 없다. 아이가 타인의 도움을 받아 발달하게 될 수준인 잠재적 발달수준까지도 포함해야 하는 것이다. 이러한 발달수준의 차이는 근접발달영역(zone of proximal development, ZPD)에 대한 이론을 통해 이해될 수 있다. 아이 개인의 능력이 현재적 발달수준이라면, 성인이나 보다 유능한 또래와의 협력을 통해 얻을 수 있는 능력은 잠재적 발달수준을 의미한다. 비고츠키에게 아이의 발달수준은 현재적 발달수준과 잠재적 발달수준을 의미한다.[99] 이러한 관점에서 교육은 아이의 현재적 발달수준에 맞는 교육이기보다는 아이의 잠재적 발달수준까지도 고려하여 제시되어야 할 것이다. 즉 아이의 발달수준보다 높은 차원에서 교육이 진행되어야 하는 것이다.

이러한 비고츠키 사상이 갖는 의미를 살펴보면, 그동안 교육학에서 바라본 아이들은 개별적 존재로서 현재의 발달수준을 통해 이해되었다. 비고츠키의 이론을 통해 아이를 둘러싼 타자들의 협력까지도 아이의 발달수준으로 이해한다면 지금까지 아이 한 명만을 중점으로 전개된 교육은, 개인의 성장이 아닌 아이들을 둘러싼 공동체의 성장까지도 고려되어야 할 것이다. 이는 시대적으로 개인주의가 극심한 현대사회에서 타자에 대한 관점 역시 변화되어야 한다는 것을 의미한다. 입시 위주의 경쟁적 상황에서 대립적인 존재로 이해되었던 타자들이 이제는 협력적 구조로서 나를 성장시키는 존재로 이해되어야 한다는 것이다.

반면 비고츠키의 교육관은 손상학을 통해 결여적인 측면에서 인간을 이해하였다는 것에서 한계를 갖는다. 이러한 관계는 관계적으로 위계적인 질서를 낳게 할 우려가 있다. 교사/아이, 아이/유능한 아이 등 가르침과 배움에 있어 수직적인 관계가 나타날 수 있기 때문이다.

하이데거(Martin Heidegger)의 사상과 교육

그동안 세계에 대한 이해는 형이상학적으로 객관화시킨 존재에 대한 이해였으며, 인간을 중심으로 인식주체에 의해 대상화된 이해였다. 하이데거(1889-1976)는 이러한 형이상학적 존재론과 근대의 인식론을 비판하며, 자신의 현상학적 존재론을 이론화한다.

〈1928년 하이데거와 가족〉(Cocosse Journal, 2016)[100]

　이때 형이상학적 존재론은 로고스적으로 세상을 절대적이며 객관적인 존재로 이해한 관점이다. 그러한 세계관은 나타남을 전제로 사태의 의미를 발견하게 하였지만, 그것을 바라보는 인간의 인식과 사태를 일치시키는 과정을 거쳐 참인 명제로 명명될 수 있었다.* 하이데거는 이러한 형이상학적 존재 이해를 존재 망각의 역사로 규정[101]한다. 하이데거

---

*　이러한 입장에 대해 우리는 앞서 고대철학의 대응설을 통해 살펴본 바 있다.

역시 존재의 초월성(transcendence)에 대해 언급하고 있지만, 그때의 초월은 존재자를 넘어선 존재 그 자체의 초월성을 의미한다. 하이데거에게 존재는 존재자의 인식 차원을 넘어서 존재한다. 대응설에서 주장되는 것처럼 나타나는 사태와 인간의 지성은 동일시될 수 없다.

또한 근대 인식론은 그동안 인식주체 밖에 형이상학적으로 존재했던 객체(대상)를 인식주체에 의해 대상화시켜 이해하게 하였다. 계몽주의의 영향은 신 중심의 세계관에서 벗어나 인간을 중심화하였고, 그 결과 인간(문명)의 진보를 위해서라면 세계는 언제든지 수단화될 수 있었다.

인간존재를 현존재(Dasein)라 부르며, 세계에 대한 이해를 현존재의 존재 이해로 바라본 하이데거의 이론은 흔히 근대적 관점에서 동일한 맥락으로 이해될 수 있다.* 그러나 하이데거의 이론은 근대 인식론의 한

---

* 흔히 하이데거의 이론은 그러한 맥락에서 세계에 대한 이해가 현존재에 의해 해석된 이해라는 비판을 받아 왔다. 후기 구조주의자들에게는 하이데거의 현존재 역시 근대적 맥락에서 해체하고 넘어서야 하는 존재였다.

그러나 간과되어서는 안 되는 것은 하이데거 역시 후기 구조주의자들과 함께 주체 중심사상이 드러낸 폭력적인 상황을 체험한 동시대인이라는 것이다. 따라서 그의 현존재 이론을 단순히 근대적 관점에서 이해하려 한다면 하이데거의 이론이 갖는 차이가 이해되기 어렵다.

하이데거의 이론이 논란의 중심이 된 것은 존재자를 인식의 주체로서 현존재(Dasein)와 현존재와 마주 선 대상적 존재인 객체를 구분한 것에 있다. 이러한 주체-객체의 구분은 근대적 관점에서 해체해야만 하는 이슈였기 때문이다.

그러나 하이데거 역시 인식주체에 의해 대상으로 존재하였던 객체화된 이해에 대해 문제 의식을 갖고 있었다. 근대의 관점은 존재 그 자체에 대한 해석이기보다 인식주체에 의한 해석이었다는 것이다. 이러한 관점은 인식 주체들 간의 차이들이 드러나지 못한 채 일자화시켜 이해하게 하였으며, 사물을 계량화시키고 일반화시키는 과정에서

계를 넘어서려는 시도였다.

하이데거의 존재론은 인식론보다 앞선다. 앞서다는 의미는 보다 근원적인 상태를 의미한다. 근대 인식론을 비판하며 자신의 현상학적 존재론을 이론화하고 있는 하이데거에게 현존재는 주체와 동일시될 수 없으며, 세계 역시 대상과 동일하지 않다.[102]

하이데거에게 현존재(Dasein)는 '그 장소(there)'로의 의미를 갖는다. 현존재는 주체와 대상과의 경계가 무너진 실존(Existenz)적 존재이기 때문이다. 하이데거에게 현존재는 존재와 동일한 것이 아니라, 다만 존재 안에 이해될 수 있는 존재자이다. 그렇기 때문에 현존재는 존재론적이라 표현될 수밖에 없다.

망치질을 하는 목수가 있다. 우리는 흔히 목수가 망치를 사용하여 무언가를 만들고 있다고 이해할 것이다. 그러나 목수는 망치를 사용할 때, 비로소 목수라는 존재의미가 드러난다. 만약 목수가 망치질을 하지 않고 망치를 바라만 본다면, 망치는 목수에게 그저 대상으로 존재하게 될 것이다. 이때 목수의 손에 쥐어진 망치는 더 이상 대상이 아니다. 목수가 망치를 사용하면 할수록 목수와 망치는 보다 근원적인 관계가 되기 때문이다.[103]

그러나 과학자의 경우라면, 망치는 목수라는 현존재가 현시시킨 존재의미와는 다른 의미를 갖게 된다. 과학자들은 망치를 바라보며 무게는

세계에 대한 본질적 의미를 이해하기 어렵게 하였다고 하이데거는 비판한다.

교육과 철학의 얽힘

어떠한지, 힘의 작용은 어떠한지, 효율적인지 비효율적인지 등 물리적인 차원에서 이해하고자 할 것이다. 이러한 이해는 그저 망치를 대상으로 바라본 이해이다.

'과학자-망치'가 주체-객체(대상)의 관계였다면, '목수-망치'는 세계-내-존재(In-der-Welt-Sein)로서 이미 실존적 관계를 맺고 있는 관계로 존재한다. 복잡하게 연결된 실존적 관계는 이미 서로가 서로에게 영향을 주고받음으로 주체-대상으로 환원될 수 없는 관계의미를 드러낸다.

이때 현존재는 존재자들 간의 관계에서 존재론적 우위를 차지하는데, 이러한 차이는 현존재가 우월하기 때문이 아니라 모든 존재자는 비로소 현존재에 의해 개시되기 때문이다. 피투성(被投成)의 상태로 존재하는 현존재는 현시됨의 조건이 된다. 그러나 이때 현존재에 의해 개시된다는 표현은 현존재에 의해 현시되지 전까지 존재자가 존재하지 않는다는 의미는 아니다. 현존재라는 작인을 통해 비로소 진리들의 현존이 입증된다는 의미이다.

현존재와 근대적 인식주체와의 차이는, 인식주체에 의한 세계 이해는 그 자체로 객관적이며 절대적인 것으로 의미화되지만, 현존재*에 의한 세계이해는 불완전적이며 잠정적인 의미를 현시시킨다는 것에 있다.

하이데거는 존재 이해를 위해 철학적 탐구방법으로 현상학을 제시한다. 현상은 파이노메논(phainómenon)과 로고스(lógos)에서 유래된 것

---

* 현존재는 시간에 영향을 받는 존재로, 시간은 현존재가 존재를 이해하기 위한 지평으로 작동되어 존재를 의미화하는 데 필요한 근거가 된다.

으로 '빛 가운데 놓인 것'과 '그대로를 드러내다'의 의미가 있다.[104] 즉 현상학에서 말하는 세계에 대한 이해는 세계-내-존재인 현존재가 개시한 세계에 대한 이해로서, 이때 세계는 스스로 자신을 드러내는 존재이다.

따라서 존재 이해를 위해서는 '사태 그 자체'에 대한 현상학적 기술(phenomenological description)이 요구된다. 세계를 경험의 결과로써 이해하는 것이 아니라, 실존적 상황과 마주하여 사태를 그 자체로 의미화하는 과정이 선행되어야 하는 것이다. 이러한 존재에 대한 이해는 실재*에 대한 이해이다.

현상학은 세상을 향한 현존재의 물음으로부터 시작되어, 현상이 드러나는 그 자체에 대한 의식적, 반성적 사고를 통해 의미화시키는 작업이다. 이때 대응이 아닌 현시를, 명제가 아닌 현존재의 의미를 드러내고 있는 하이데거의 존재 이해는 순환적 성격을 띤다. 현존재의 불완전성이 잠정적 의미를 현시시키기 때문에 해석학적 순환의 과정이 요구되는 것이다. 이러한 과정을 통해 잠정적 의미는 일상성에 대한 의미로, 그 자체로의 의미를 넘어 보편성을 발견하게 한다.[105]

교육적 측면에서 하이데거는 아이들이 배운다는 것은 세계-내-존재로서 아이들이 갖게 되는 세계에 대한 물음이며, 물음에 대한 대답을 발견[106]하는 과정으로 이해될 수 있다. 이때 교사는 실존적으로 자신을 그

---

*　실재에 대한 이해에 있어 하이데거는 자신의 이론을 실재론과는 구별 짓는다. 하이데거의 실재는 세계-내-존재를 의미한다. 데카르트의 '나는 생각한다, 그러므로 존재한다'에서 이때의 실재는 '존재한다'에 의미가 있다.

자체로 드러내는 존재여야 할 것이다. 이는 아이가 물음에 대한 앎을 찾아가는 과정에서 교사가 그저 수동적인 존재로 머무르는 것이 아니라, 주체-대상의 관계를 넘어 교사 역시 자신을 그 자체로 현시시키는 존재이기 때문이다.

하이데거는 교육이라는 용어 대신 교수라는 표현을 사용하고 있는데, 교육이 아이들에게 지식을 가르쳐 주는 과정이라면 교수는 아이들이 '스스로 학습하게 하는 것'의 의미를 갖는다. 교수는 교육보다도 어려운 과정이다.[107] 현상학이 의미하는 것처럼 빛 가운데 놓인 존재로서 사태가 그 자체로 드러내는 것을 발견하도록 해야 하기 때문이다.

이러한 하이데거의 사상은 형이상학적으로 또는 인식주체에 의해 대상화된 관계가 아니라, 실존적 관계의미를 드러낸다. 아이들을 이해하는 과정은 교육학적인 지식이나 교사의 선험적인 지식으로는 한계를 갖는다. 아이들과 교사의 실존적인 삶을 통해 '사태 그 자체'에 대한 서로 간의 바라봄이 선행되어야 한다는 것이다.

그러나 이러한 단절이 지금까지의 지식을 의미 없는 것으로 치부하려는 시도는 아니다. 교사와 아이들은 이미 피투된 존재로서 세계와 복잡하게 얽혀 살아가는 존재이기 때문이다. 지금의 교육은 아이들의 실제적인 삶과 무관하게 주어진 교육을 전달받는 과정이라는 한계를 갖는다. 그러나 '그 장소(there)'로의 의미를 갖는 현존재인 아이들을 위한 교육은 아이들이 있는 그곳, 아이들이 거주하는 거기에서부터 시작되어야 할 것이다.

5. 후기 현대사상과 교육의 얽힘

현대 후기의 이슈는 사회를 작동시키기 위해 이데올로기 장치로 사용되었던 주체 철학의 해체에 있다. 근대는 헤겔이 규정한 대로 주체성의 철학적 원리가 지배해 온 시대였다. '나'라는 주체가 이데아나 신을 대신하게 된 것이다. 이러한 인식의 변화는 그동안 절대적이라 믿었던 객체를 인식자의 주관에 의해, 즉 주체에 의해 정의되는 상황으로까지 치닫게 하였다. 타자를 그 자체로 이해하기보다 주체에 의해 규정된 타자로서 주체의 동일성에 의한 사유로 전유하고 착취하게 된 것이다.

현대 사상가들은 이러한 주체철학에 의문을 갖고 있었다. 양차 세계대전을 경험하며 인식주체에 의해 희생된 개별적 존재의 존재론적 삶을 회복시키고자, 실존주의*자들은 '지금 이 순간'의 존재론적 의미를 그 자체로서 진리로 받아들이게 된 것이다.

---

* 실존주의는 후설에 의해 시작된 현상학을 하이데거와 레비나스를 거쳐 비판적으로 계승되며 변화의 과정을 거치고 있었다. 하이데거의 경우 '인식을 통한 이해'를 '존재론을 통한 이해'로 변형시켰지만, 사실상 후설과 더불어 여전히 인식의 차원에서 현상에 대한 존재의미를 밝히고 있다는 한계를 갖는다. 레비나스는 그러한 존재 사유를 동일성의 사유라 비판하며 윤리적인 측면에서 그의 존재론을 천착해 나아간다. 이러한 사상적 변화와 함께한 데리다는 레비나스의 형이상학적 사유를 비판하면서도 윤리적 사유를 받아들이게 된다.

반면 동시대의 구조주의자들은 실존주의자들이 기획한 현존재의 주관으로는 다수적인 의미만 드러낼 뿐 어떠한 것도 진리가 될 수 없다고 보았다. 더욱이 현존재에 의한 의미화의 과정은 권력에 의해 작동되는 또 다른 중심화로부터 헤어 나올 수 없다는 것이다. 따라서 구조주의자들은 중심화된 인식이든, 개별적 인식이든 '인식의 틀'에서 벗어나 논리적이며 과학적인 방법으로 구조를 통해 세상을 이해하고자 하였다.

더 나아가 후기 현대 사상가들은 실존주의와 구조주의가 제시한 주체철학의 문제를 넘어, 객관적인 진리가 있다는 것을 전제하는 형이상학에 대해서도 해체를 시도한다. 실존주의와 구조주의조차, 그 사상적 배경에는 로고스적으로 객관화된 진리가 존재한다는 전제였다. 실존주의에서는 현상학적 탐구를 통해, 구조주의에서는 구조를 통해 그러한 진리를 발견하고자 한 것이다.

반면 근대의 주체철학과 더불어 실존주의와 구조주의의 형이상학적 체제를 극복하고자 한 후기 현대철학은 형이상학과 주체에 대한 해체가 부정을 통해 극단으로 치닫는 과정에서 허무주의로 나아가게 하였다는 한계를 갖는다.

주제 중심에 대한 비판은 결과적으로 객체 중심*을 등장시키는 배경

---

* 이러한 현상은 이데올로기적인 상황을 의미하는 것이 아니라, 사상적 측면을 의미한다. 현재 '객체주의'에 대한 이슈는 사상가들에 의해 활발하게 연구되고 주장되고 있지만 주류의 사상은 아니다.

현대사회는 여전히 "가부장적 이데올로기는 존재하지만 페미니즘 이데올로기는 존재하지 않는다. 그러한 이유는 이데올로기는 권력과 지배라는 요소와 함께 작동되기 때

이 된다. 분명 주체를 절대화하는 것은 비판받아야 하지만 절대화에 대한 비판이 주체라는 존재 자체를 부정하는 방향으로 나아가는 것은 우려되어야 한다. 근대 주체는 현대적 관점에서 비단 비판적인 측면으로만 해석될 수는 없다. 동시대적 맥락에서 주체 철학은 한편으로는 봉건적 절대주의를 붕괴시켰으며, 시민으로의 의식을 성장시키게 하는 중요한 역할을 감당하였다. 문제는 주체 그 자체에 있기보다, 정치적 지배와 침탈, 착취를 정당화하기 위한 이데올로기적 장치로 사용되면서 변화되고 구축되어왔다는 것에 있다. [108]

사실상 주체는 교육에서 포기할 수 없는 개념[109]이다. 주체 개념의 부정은 교육 자체를 무용설로 나아가게 할 우려가 있기 때문이다. 끊임없이 주체를 소환시키는 교육은 후기 현대사회와 괴리될 수 있다. 분명 객체가 갖는 타자성은 간과되어서는 안 되지만 주체가 갖는 주체성 역시 포기되어서는 안 될 것이다. [110]

이러한 문제의식을 갖고 이 장에서는 현대 후기를 대표하는 철학자인 데리다와 들뢰즈의 관점에서 교육을 살펴보고자 하였으며, 더 나아가 바디우의 관점을 통해 극단의 해체론을 넘어 교육을 다시 살펴보고자 한다. 이러한 과정은 주체에 의해 대상화되었던 타자들로부터 교육적 의미를 발견하는 과정이 될 것이며, 개별 소수 주체마저 해체시켜 버

문이다. 그러나 이데올로기에서 말하는 권력은 강제된 권력을 의미하지는 않는다. 이는 합리적이며 보편적인 성격을 지님으로 모든 사람들에게 공동의 이익으로 인식하게 하는 보편타당한 관념이기 때문이다(이현정, 정대현, 2020)."

교육과 철학의 얽힘

린 해체론의 위험으로부터 다시금 주체를 소환시키는 과정으로까지 나아가게 할 것이다.

데리다(Jacques Derrida)의 사상과 교육

사상적 흐름이라는 것은 어제까지가 근대이고 오늘부터 현대라는 식의 명확한 구분이 어렵다. 주름처럼 겹쳐지는 부분들이 존재하기 때문이다. 예를 들어 권력의 구조를 밝히고자 한 푸코는 구조주의자면서 후기 구조주의자이기도 하다. 이는 이미 구조주의자들에게도 포스트 구조주의적 사유가 함께 내재되어 있다는 의미이다. 구조주의자들은 "실체적 사유를 관계적 사유로, 동일성의 사유는 차이의 사유로 뒤바뀌는 혁명적 전회"를 맞이하고 있었다.[111]

데리다(1930-2004)는 후기 현대사상의 가장 큰 특징인 해체주의를 대표하는 사상가이다. 동시대의 사상가들처럼 '차이의 철학'을 받아들였으며 형이상학적 중심화에 대한 해체를 위해 '연기하다'와 '뜻이 같지 않다'라는 의미가 내포된 차연(差延, differance)이라는 신조어를 만들어 '차연의 철학'을 전개한다.

데리다의 차연의 철학을 살펴보면, 언어구조적인 측면에서 차이(différence)와 차연(différance)은 음성(자연)이나 문자(인공)적인 측면에서 거의 차이가 없다. 그러나 '차이'가 정태적인 측면에서의 구별을 의미한다면, '차연'은 시간과 공간적 차이가 함께 역동적으로 얽혀 들어가 능동적 사태와 수동적 사태로는 구별될 수 없는 사태를 만들어 낸다. 차연은 형이상학적으로 절대화되거나 객관화될 수 없으며, 끊임없이 구성됨과 무너짐을 통해 정의될 수 없는 불가능한 사태를 만들어 내는 용어이다. 따라서 차연은 현전의 양태로는 해석될 수 없다. 다만 현전과 부재 간의 흔적들로 나타나 개념적 사유를 가능하게 하는 동시에 끊임없이 탈구될 뿐이다. 이처럼 데리다는 형이상학적 사유체제의 해체를 통해 새로운 사유체제를 설명하고자 하였다.

〈데리다와 가다머〉(Hypothses, 2015)[*112]

또한 데리다는 그동안의 주체철학을 비판하며, 인식주체 중심의 존재

---

* 위의 사진은 1988년 하이델베르크 컨퍼런스 당시 데리다와 가다머의 사진이다. 오른쪽이 데리다이다.

교육과 철학의 얽힘

론으로부터 탈출하여 무조건적으로 타자를 환대하고자 한 레비나스의 '타자-윤리학'을 자신의 관점으로 재구성한다. 당시 데리다와 함께 유대인이었던 레비나스는 2차 세계대전의 아픔을 겪으며 주체에 의한 폭력에 무참히 희생당한 타자들과 마주하게 된다. 레비나스는 그러한 폭력은 국가적, 정치적 상황을 넘어 주체를 중심으로 세상을 받아드린 결과라고 보았다.

레비나스의 타자 윤리학은 비-관계적 관계의미를 밝히며 주체를 중심으로 한 전통적인 세계관에서 벗어나, 비대칭적 관계 속에 타자를 우위에 두고 무한한 존재로서 환대해야 한다고 보았다. 레비나스에게 타자는 얼굴로서 대변되는 절대적인 존재이며 주체로 하여금 무한한 책임을 요구하는 존재이다. 이때 절대적인 타자와 마주한 주체는 비로소 윤리적인 주체로 거듭나게 된다.[113]

지금까지 교육은 교사라는 인식주체에 의해 실천되어 왔다. 교육은 무엇을 배워야 할지, 어떻게 배워야 할지 교사에 의해 미리 결정되었으며, 교육에 있어 주체가 되어야 하는 아이들은 이러한 관계 속에 타자화되었다. 아이들은 수동적인 입장에서 이미 주어진 교육과정을 강제적으로 받아들여야 했다.

이러한 교육적 문제는 시대적 흐름에 따라 혁신적인 변화가 요구되었다. 아이들의 주체성을 회복시키고자 이제는 학습자를 중심으로 배움을 향한 교육이 주창되고 있는 것이다. 그러나 이러한 과정 역시, 결국에는 교사를 중심으로 하였든, 학습자인 아이들을 중심으로 하였든 중심화의 과정이라는 한계를 갖는다. 중심화는 언제나 대상을 상정한다.

샤르트르는 중심이 만들어 내는 대상화된 관계를 비판하며, 세상에 대한 본질적 이해는 주체와 주체 간의 상호주관적 관계를 통해 가능하다고 보았다. 그러나 레비나스는 이러한 상호주관적 관계에 대해 비판적인 태도를 취한다. 과연 주체 대 주체 간의 상호주관적인 관계라는 것이 성립 가능한가에 대해 물음을 제기한 것이다.[114]

레비나스는 주체와 대상화된 관계가 갖는 비대칭성은 동등한 관계로 맺어질 수 없다고 보았다. 레비나스는 관계가 갖는 비대칭성을 해결하고자 윤리적인 측면에서 타자를 무조건적으로 환대해야 한다고 이해한 것이다. 그러나 여기에서 한 가지 물음이 제기된다. 교사를 주체로 보았을 때 타자로서 존재하는 아이들과의 관계에서 과연 교육은 아이들이 하고자 하는 대로, 아이들이 요구하는 대로 무조건 존중하고 그 자체로 환대해야만 하는가. 예를 들어 학교에서 또래들 간의 폭력적인 사태가 발생했을 경우, 이러한 상황 역시 존중하며 환대해야 하는가에 대한 문제이다.

이러한 문제의식은 데리다에게도 있었다. 데리다는 인식주체와 대상과의 관계를 전복시켜 절대적인 타자에게 무조건 따라야만 하는 관계는 위험하다고 보았다. "모든 타자는 전적으로 다르다(tout autre est tout autre)."는 것이 데리다의 주장이다. 레비나스가 설정한 약자로 존재하는 타자는 여전히 개념화된 형이상학적인 존재인 것이다. 데리다에게 타자는 선한 이웃이지만 때로는 위증을 가하는 기만적인 존재이며 적으로도 나타날 수 있는 존재이다. 따라서 타자를 향한 선한 행동은 언제나 선의 결과로만 맺어지지는 않는다. 부정적인 사태로도 이어질 수 있는 것이다.[115]

데리다는 순수한 타자와의 관계는 맥락과 상관없이 무조건 응대해야 하지만, 정치나 법률 등의 상태에서 만나게 되는 타자는 다르다고 보았다. 오히려 레비나스의 주장은 이러한 타자의 독특성을 간과하여 타자의 타자성을 상실하게 한다. 레비나스의 타자 윤리학은 데리다가 보기에 현실적인 차원에서 실천하기에 불가능한 것이었다.

그러나 데리다에게도 극복해야 하는 문제는 있다. 그렇다면 과연 누가 무한으로 존재하는 순수한 타자인가에 대한 물음이다. 더불어 무조건 환대해야 하는 상황은 어떠한 상황인가에 대한 물음도 마찬가지이다. 이러한 문제는 실제적인 교육적 상황에서도 유효하다. 아이들을 전적으로 존중하고 응대해야 한다고 하였을 때 어디까지 존중하고, 어디까지 응대해야 하는가. 그러나 이러한 문제는 학문적 지식이나 이론적 판단의 범주를 통해서는 사실상 결정 불가능하다. 윤리적인 차원이라는 것은 기계적으로 추론될 수 있는 상황으로 존재하지 않기에 교사(주체)에게 도덕적 책임과 결단이 요구되는 것이다.

아이들에게 나타나는 여러 문제 상황들에 대해서도 윤리적인 차원은 주어진 매뉴얼(정해진 규칙이나 논리)에 따라 그대로 이행해야 하는 상황을 의미하는 것이 아니다. 아포리아의 상태로서 계산할 수 없는 것을 계산해야 하며 결정할 수 없는 것을 결정해야만 하는 상황이 윤리적인 상황이다. 물음이라는 것조차 결정 불가능한 상황에서 제기되는 것이다.

데리다는 윤리적인 차원에서의 물음에 대한 답은 현시점에서 알게 되는 것이 아니라 차연을 통해 비로소 알게 되는 것으로 보았다. 시간이 탈구되는 과정에서 스스로 드러나는 차이를 통해 깨닫게 되는 것이다.

따라서 윤리적인 측면에서 교육은 아이들을 이해하기 위해 어떠한 개념화된 질서보다, 책임을 요구하는 존재로 바라보는 것이 우선되어야 할 것이다. 아이들이 어떠한 존재로 존재하는지는 판단될 수 없기 때문이다. 이때의 책임은 칸트가 주장하는 도덕적 의무로의 책임을 넘어선다. 칸트에게 책임은 정언명령으로서 보편적인 것에 대한 의무를 말한다. 그러나 이러한 책임은 주체를 중심으로 주체가 베풀어 주는 관용일 뿐이다.

데리다에게 타자에 대한 책임은 윤리적인 측면에서 무조건적인 환대를 의미한다. 환대는 위험성과 불가능성에도 불구하고 포기할 수 없는 개념이다. 반면 데리다는 정치적인 것과 법적인 것의 필요성을 언급하며 윤리적인 환대와 법 사이의 조율과 타협이 필요하다고 보았다. 계산 가능하며 보편적인 측면에서 적용되는 법은 계산 불가능하며 결정될 수 없는 윤리적인 차원에서 새롭게 물어져야 하는 것이다.[116]

이러한 작업은 아이들을 객관화시켜, 기계론적이며 결정론적으로 이해하기보다 조율과 타협을 통한 이해를 요구한다. 이때 교사는 윤리적인 책임을 짊어진 존재로서 아이들과 마주할 때, 때로는 "계산 불가능하며 규칙에 반항적이고, 대칭적이며 외재적이고, 이질적인" 절대적인 존

교육과 철학의 얽힘

재로서, 다른 한편으로는 "안정적이고 법제적이며 계산 가능한 체계 사이에서"[117] 보편적인 존재로서 관계를 맺어가야 할 것이다. 이러한 관계는 교사에 의해 중심화된 관계나 반대로 아이들로 중심화된 관계처럼 어느 한 방향으로 기울어진 관계가 아닌, '조건 없는 책임'과 '일반적인 책임'이 서로 교차되는 관계를 의미한다.

이러한 데리다의 타자철학은 형이상학적인 측면에서 관계의미를 설명한 레비나스의 타자윤리를 현실적인 차원에서 극복하기 위한 노력이었을 것이다. 그러나 데리다의 차연의 개념이 의미하듯 지금 이 순간의 의미가 명명될 수 없는 상황은 교사들로 하여금 교육적 상황에 대한 확실성으로부터 계속 미끄러지게 한다. 교사는 불확실성과 마주하며 무엇이 옳은지, 그렇지 않은지에 대해 끊임없이 선택해야만 하는 위치에 놓이게 되는 것이다. 교육은 실천학문이다. 이는 담론적인 형태를 넘어 실천적인 행위로서 나타나게 된다. 그러나 타자로 존재하는 아이들의 존재의미와 교육을 그 자체로 미결정적인 상태로 받아들이는 작업은 교사들로 하여금 혼란스러움을 경험하게 할 것이다.

포스트 구조주의에서 이러한 혼란은 그 자체로 의미를 갖는다. 그러나 혼란 속에서 교육을 실천해야만 하는 교사들에게 그러한 혼란은 두려움으로 다가오게 한다. 따라서 교육은 포스트 구조주의 관점처럼 동시대에서 요구하는 목소리에 귀를 기울여야 하겠지만, 이러한 변화를 무비판적으로 수용하기보다 이를 교육학적으로 어떻게 연결시킬 수 있을가에 대한 계속적인 연구가 진행되어야 할 것이다.

들뢰즈(Gilles Deleuze)의 사상과 교육

앞서 데리다의 사상은 그의 해체적 접근으로 인해 포스트 구조주의라 불리는 지금의 시대가 어떻게 도래하게 되었는지 이해하는 단초가 된다. 반면 이미 현대사회와 문화 전반에 침투된 들뢰즈(1925-1995)의 사상*은 지금의 포스트 구조주의적 현상을 이해하는 배경이 될 것이다.

〈프랑스 68혁명와 들뢰즈〉(김재인, 2018)**[118]

---

* 들뢰즈는 「안티오이디푸스」, 「천개의 고원」 등 많은 부분에 있어 정신분석가였던 가타리(1930년-1992년)와 사상을 공유를 하고 있기 때문에, 우리가 흔히 들뢰즈의 이론이라 알고 있는 많은 부분들이 들뢰즈 & 가타리의 이론이었다. 이 챕터에서는 들뢰즈 & 가타리의 이론보다 들뢰즈의 이론을 중점으로 살펴보고자 한다.

** 프랑스의 68혁명은 독재정부와 권력체제 등 거대담론에 대항하고자 학생들을 중심으

교육과 철학의 얽힘

'차이의 철학', '생성의 철학'이라고도 불리는 들뢰즈의 사상은 해체론적 의미를 넘어서 현대사회의 의미를 재발견하게 한다. 최근 우리나라는 차별금지법을 두고 각계각층에 다양한 논쟁들이 나타나고 있다. 흔히 차별금지법은 평등에 대한 이슈로 설명되지만, 이는 그동안 다수에 의해 소외되었던 소수자들에 대한 권리를 보호하기 위한 투쟁이기도 하다. 과연 이러한 상황은 부정으로 인식해야 할 것인가. 아니면 긍정으로 받아들여야 할 것인가. 부정으로 인식한다면 지금의 상황은 극복해야만 하는 현상으로 이해될 것이며 긍정으로 인식한다면 그 자체로 환대해야 하는 상황이 될 것이다.

후기 현대사회에 나타난 해체론적 접근은 사실상 '부정에 대한 부정'으로 헤겔의 변증법적인 토대로부터 자유롭지 못하다. 다수가 지배했던 지금까지의 사회를 정(正)이라고 하였을 때, 소수자들이 쟁취하게 되는 사회를 반(反)으로 받아들이게 하기 때문이다. 이러한 정과 반이 합(合)으로 나아간다 하더라도, 이때의 합은 결과론적으로 또 다른 정이 되기 위한 과정일 뿐이다. 즉, 대립적인 측면에서 정으로의 다수는 자신의 힘(권력)을 지켜 내기 위해 반으로 존재하는 소수를 억압해야만 하는 상황에 놓이게 되는 것이다.

들뢰즈는 이러한 대립적인 관계에서 벗어나, 관계의 변화가 가져다줄 차이에 집중한다. 현대사회에서 인식되는 문제 상황을 극복해야만

로 시작되었으며, 이후 비주류였던 노동자들과 여성을 비롯해 소수자들이 함께 일으킨 사회운동이었다. 오른쪽에서 두 번째가 들뢰즈이다.

하는 수단으로 바라보기보다 시간의 반복을 통해 나타난 차이를 긍정하며, 차이를 통해 생성된 것이 무엇인지 발견하는 것에 더 집중한 것이다. 들뢰즈는 대상의 본질적인 이해는 이러한 차이를 통해 가능하다고 보았다.

교육적 상황을 예로 들어 교사가 아이들에게 수학을 가르치려 한다. 그러나 몇몇 아이들은 수학에 집중하지 못하고 다른 것에 관심을 두고 딴짓을 하고 있다. 교사가 보기에 그런 아이들의 행동은 문제행동으로, 수업에 집중하지 못한 산만한 행동으로 보여진다. 교사는 아이들의 행동을 부정으로 인식하고 아이들이 수업에 집중할 수 있도록 효과적인 교수 방법 등을 연구하여 교육적 변화를 시도하였다. 교사는 아이들의 수업 태도를 관찰하며 계속해서 변화를 주었고 아이들이 집중할 수 있도록 노력하였다.

이때 들뢰즈에게 생성은 아이들의 행동을 부정적으로 인식한 교사처럼 존재에 대한 부정성을 통해 출현하는 것이 아니다. 들뢰즈의 생성은 존재 그 자체에 대한 긍정으로부터 출현한다. 교사는 수업시간에 딴짓을 하는 아이들을 부정적으로 바라보고 대립적인 관계에서 극복해야만 하는 대상으로 바라보기보다, 교사는 교사대로, 아이는 아이대로 비-관계를 통해 병행적으로 발생하는 관계에서 관계 의미를 도출해야 하는 것이다. 이는 교사에 의해 해석된 존재로서 아이들을 교사에 의한 동일성의 사유로 일자화시키지 않기 위한 노력이다.

플라톤 이래 존재에 대한 이해는 그동안 동일성에 의한 사유였다. 들뢰즈는 대상을 규정해 온 동일성의 사유를 비판하며, 동일성은 그저 차이를 통해서 나타난 결과일 뿐 존재를 규정하는 근본적인 개념이 될 수 없다고 보았다. 동일성의 사유는 동일하지 않은 그 무언가가 나타났을 때 대립적인 관계로 받아들이게 하며 이질적인 것을 그 자체로 인정하기보다 부정적인 측면에서 극복해야 하는 것으로 인식하게 하기 때문이다.

들뢰즈에게 차이는 긍정을 통해 출현한다. 교사와 아이들 간의 교육적 관계는 부정성을 극복하는 과정으로 실천되기보다, 아이들의 존재를 그 자체로 긍정하며 실천되어야 할 것이다. 각각의 존재들은 존재마다 확실성의 지위가 보장되어야 한다. 교사의 인식이나 교육학적 지식에 의해 해석된 아이들이 아니라 아이들 자체의 지위가 보장되어야 한다는 것을 의미한다.

이러한 비-관계는 관계가 없음을 의미하는 것이 아니다. 예를 들어 "나는 학생이 아니다"라고 말할 때, 그때의 의미는 보편적 의미인 '학생'이라는 존재에 제한된다. "학생이 아니다"는 의미에 대해 "나"라는 존재까지 존재하지 않는 것으로 치부해서는 안 된다는 의미이다. 들뢰즈에게 비-관계는 차이들로 가득한 다양한 관계 의미를 드러나게 한다. 단순히 교사와 아이들 간의 관계가 수학을 가르치는 존재로서의 교사나, 수학을 배워야만 하는 아이들로서의 관계가 아니라 근거 지어지기 이전의 다양체로서의 관계를 바라보고자 한 것이다.

들뢰즈는 인간을 포함한 자연 안에는 내재된 힘들이 존재한다고 보았다. 스피노자의 이론에 근거하여 각각의 존재는 힘의 강도(차이)에 따라 다양한 본질로서 출현하며, 그러한 차이로 인해, 각각의 존재들은 내적인 차이를 발생시킨다. 차이가 존재의 본질을 드러내는 것이다. 들뢰즈가 말하는 존재의 본질은 실존과는 다르다. 실존은 현상 그 자체에 대해 외연적인 부분들과의 합성을 통해 나타난 결과이기 때문이다. 내면적 본질과 대응하는 실존은 "본질을 표현하는 외연적 부분들과의 관계"를 의미할 뿐이다.[119] 그러나 과연 이러한 차이를 실재에 대한 의미라 말할 수 있을까. 실재에 대한 의미, "그것이 무엇인가"에 대한 질문은 본질에 대한 물음이다. 문제는 본질에 대해 아무것도 알 수 없다면 답조차 말할 수 없다는 것이다. 반면, 이것도 되고, 저것도 되는 다양성을 통해서도 그저 다양하다는 의미만이 도출할 뿐, 본질로서 인식되기 어렵다. 이러한 한계는 지금까지의 인식체계로부터 기인한다.

그동안 전통적인 관점에서 본질에 대한 이해는 형이상학적으로 절대화된 사유였다. 절대적인 정답이 있다는 전제하에 인과론적인 측면에서 전개된 사유인 것이다. 그러나 시대적 흐름은 절대적인 것이 존재한다는 사유 안에 정답이라 여겼던 것에 대한 틈을 발생시켰고 그러한 틈은 차이들을 생성시켰다.

들뢰즈는 객관적이고 절대적인 진리관이 해체된 상황에서 '정답'이 무엇인가에 대한 질문보다 '문제' 자체에 집중한다. 당연하다고 여겼던 전제들에 대한 물음을 갖고, "원인 없는 결과"로서 사유를 이미지화하고 있는 것이다.

들뢰즈에게 사유는 본질로 행하는 과정이 아니다. 그러한 사유의 중심에는 여전히 인식주체로서 인간이 중심에 자리 잡고 있기 때문이다. 들뢰즈는 그동안 독단적이며 정형화된 것들을 전복시키고자, 문제 그 자체부터 다시 살펴보고자 하였다. 그러나 이때 비-관계를 통해 언급하였듯이 원인에 대한 의심 역시, '원인이 틀렸다'는 의미로 부정되어 이해되어서는 안 될 것이다. 들뢰즈가 의미화하는 차이는 부정적인 것이 아니다. 그것은 비-관계와 비-존재에 대한 '반대'가 아닌 '다름'을 의미하기 때문이다.

지금까지 교육은 원인에 따른 결과로서 인과론적 측면에서 전개되었다고 해도 과언은 아니다. 결정적인 정답이 있다는 전제하에 아이들은 그러한 정답을 외우듯이 지식을 받아들여 왔다. 그러나 들뢰즈는 정답을 맞히는 교육보다 아이들을 사유하게 하는 질문 그 자체에 의미를 두었다. 배움의 과정에 대해서도 정해진 답을 찾는 과정이 아니라 문제 그 자체에 의미를 둔 것이다.

그렇다면 교육에 있어 앎이라는 것은 어떻게 가능한가? 지금까지 배움(apprentissage)이라는 것은 데카르트 이래 주관과 객관이 분리된 상태에서 객관화된 존재의 표상에 의한 발견이거나, 주체화된 존재의 파악으로 가능했다. 이러한 배움은 들뢰즈가 보기에 진정한 배움의 과정이 아니며 그저 주체의 동일성에 의한 작용이었을 뿐이다. 들뢰즈에게 앎은 동일성의 차원에서는 이해될 수 없다.

교사/학생, 남자/여자, 어른/아이라는 지금까지의 주체와 객체의 이분법적인 틀 내에서는 들뢰즈의 배움은 이해되기 어렵다. 예를 들어 수영을 배우기 위해 누군가가 물속에 들어가 열심히 바둥거리며 자신의 주체성을 발휘하고 있다고 생각해 보자. 이러한 과정으로는 결코 수영을 배울 수 없다. 물이라는 객체에 자신의 몸을 내맡겨야 비로소 아이는 물에 떠오를 수 있다.

들뢰즈에게 배움은 주체에 의한 자기 앎의 과정으로 이해될 수 없으며, 타자에 의한 가르침에 의한 결과로도 이해될 수 없다. 배움은 주체와 타자 사이의 조우함(forces of encounter)을 통해 나타나기 때문이다. 따라서 배움이라는 것은 주체에 의한 지각만으로 얻게 되는 것이 아니다.

들뢰즈에게 배움의 과정은 의식적 행위 이전에 무의식을 거쳐 의식적으로 지각되는 과정이다. 즉 언어 이전(pre-linguistic)의 차원으로부터 생성되어, 한 상태에서 다른 상태로의 능동적이며 연속적인 이행(passage)을 통해 가능한 것이다. 이때 의식적 행위 이전은 의식의 부재를 의미하는 것은 아니다. 의식 이전은 '아직은 알지 못함'의 상태로 의식은 존재하나 의식됨을 알지 못한 상태이기 때문이다.[120]

배움은 의식 등의 매개를 통해서도 나타나지만, 어떠한 이유(raison) 없이 무매개적으로 작동한다. 교육은 하나의 특이성(singularité)이 다른 특이성으로 변화되는 무리수적이고 변덕스러운 과정인 것이다.[121]

따라서 배움은 혼자서 가능한 것이 아니다. 타자라는 요소가 개입되어야만 비로소 생성과 변화가 가능하기 때문이다. 이때 타자는 아이들

교육과 철학의 얽힘

을 중심으로 동일시된 타자를 의미하지 않는다. 교사는 교사 존재로서, 아이는 아이 존재대로 세계는 세계대로 각각의 다수성을 가진 존재여야만 비로소 마주침이라는 것이 가능하기 때문이다.*

들뢰즈는 각각의 존재들은 내면에 다양한 힘이 내제되어 있다고 보았다. 배움은 차이를 가진 힘들의 마주침(조우, forces of encounter)을 통해 가능하다. 들뢰즈에게 마주침의 관계는 점과 점으로의 관계를 의미하지 않으며 사이(in-between-ness)의 만남을 의미한다. 이러한 만남은 점으로의 만남이 아닌 선의 만남이다. 그러나 이때 마주침의 선은 고정된 선이거나 무조건 연결되어야만 하는 선은 아니다. 선의 만남은 행위하는 능력과 행위를 받는 능력 한가운데 발생하며, 전적인 관계 맺음이 아닌, 관계 맺음과 더불어 관계의 단절, 묶임과 풀림, 되어 감과 되어 가지 못한 힘들의 뒤섞임과 다양한 마주침의 상황으로 나타난다.[122]

따라서 들뢰즈에게 배움은 아이들이 세상과의 관계를 통해 일치와 불일치를 경험하며 힘의 강동에 의해 나타나는 차이를 통해 존재의 미를 발견하는 과정에서 이해될 수 있다. 이때 존재하는 것은 고정되어 존재하지 않기에 끊임없이 변화된다. 따라서 교육은 다수로 존재하는 관계들을 통과하며 변화되는 과정에서 차이를 생성하는 '되어 감(becoming)'의 과정으로 이해되어야 할 것이다.[123]

---

* 아이를 중심으로 아이를 위한 교사, 아이를 위한 부모, 아이를 위한 교육 등, 그러한 관계에서는 그저 자기 자신만을 만날 수 있을 뿐이다.

바디우(Alain Badiou)의 사상과 교육

　앞서 언급하였듯이 후기 현대사회의 가장 큰 특징은 해체주의라 말할 수 있다. 프로이트의 무의식 발견은 합리적이라 믿었던 이성에 틈을 발생시켰으며, 양자역학 등의 과학적 성과는 뉴턴을 넘어 과학조차 절대적일 수 없음을 드러냈다. 그동안 진리라고 믿었던 모든 것들이 더 이상 진리가 될 수 없는 상황과 마주하게 된 것이다.

　그러한 현실은 진리 자체를 거부하게 하였고, 진리와 더불어 주체는 믿을 수 없는 것이 되어 버렸다. 바디우(1937-)는 이러한 상황과 마주하며, 진리가 해체된 후기 현대사회에 다시금 진리를 소환시키려 하였으며, 타자화된 주체의 위치를 복권시키려 한 사상가이다. 물론 바디우 역시 근대 합리적이라 믿었던 이성이 드러낸 폭력과 마주하며 철학적

〈알랭 바디우〉(김정효, 2016)[124]

전통에 대해서 비판적 태도를 취한다. 그러나 진리 자체를 거부하며 주체라는 존재 자체를 망각한 포스트 구조주의적 접근에 대해서도 비판하며 자신의 이론을 새롭게 전개하고자 한 것이다. 바디우는 후기 현대성이 가진 문제 상황에 대해 해체를 넘어, 그러한 문제의식을 수용하

　　　　　　　　　　　　　　　　　교육과 철학의 얽힘

면서도 전통적인 방식과는 구별된 또 다른 가능성을 모색하고자 하였다.[125]

후기 현대사회에 있어 주체의 죽음으로까지 표현되는 주체의 주체성에 대한 의심은, 그동안 주체를 중심으로 세상을 이해하였던 인식론에 새로운 전환을 맞이하게 하였다. 또 다른 주체의 출현이 요청된 것이다. 이에 대해 레비나스는 자기성을 버리고 타자에게 무조건적으로 응답해야 하는 책임을 짊어진 존재로서 새로운 주체이론을 전개하였으며, 라캉은 데카르트의 자기 확실성을 가진 주체를 비판하며 거울이론을 통해 타자의 타자성에 의해 드러나는 주체의 의미를 이론화하였다. 이러한 이론들을 살펴보면 그동안 중심에 위치하였던 주체가 타자와의 관계로부터 전복되어 주변화되고 있음을 발견할 수 있다.

바디우 역시 주체에 대한 자신만의 독특한 이론을 제시하고 있는데, 그의 주체이론은 『존재와 사건(1988)』을 통해 이해될 수 있다. 바디우는 현대사회에 해체되어 버린 진리를 소환하는 과정을 통해 주체의 주체성을 드러내고 있다. 앞서 레비나스와 라캉의 경우 주체의 의미가 타자에 의해 의미화되었다면, 바디우의 주체는 진리를 소환시키는 적극적이며 투사적인 존재이다.

그러나 동시대인인 바디우에게조차 진리는 알 수 없는 것으로 존재한다. 무엇이 진리인지 진리가 아닌지, 객관적인 것은 실제로 존재하는지, 존재하지 않는지 알 수 없다는 의미이다. 이때 알 수 없다는 의미는 진리 자체가 존재하지 않는다는 의미와는 다르다. 초월적인 의미에 대해서 우리는 무한이라는 표현을 사용하게 되는데, 이때의 무(無)는 아무 것도 없음을 의미하는 것이 아니라, 인식의 차원을 넘어서 있음을 의미 하는 표현이다. 예를 들어 무한수를 살펴보면 무한수는 수가 없음을 의 미하지 않는다. 인간이 셀 수 있는 차원을 넘어섰을 때, 우리는 이를 무 한수라 표현한다.

그렇다면 셀 수도 없고 인식할 수도 없는, 무(無)로 존재하는 진리의 진실 여부를 어떻게 알 수 있을까. 바디우는 진리라는 것은 주체의 충실 성에 의해 나타난다고 보았다. 하나의 사건이라도 주체들에 의해 무한 하게 이어지고 연결되는 과정에서 비로소 진리는 진리화된다는 것이다.

바디우의 주체는 근대 합리적인 인식주체도 타자에 의해 의미화되 는 주체도 아니다. 바디우가 주장하는 주체는 충실성의 주체이다. 주체 는 진리를 향해 충실성을 갖고 실천해 나아가는 존재인 것이다. 인식주 체가 진리화되어 버린 근대적 관점과는 구별된 바디우의 주체는 충실 성이라는 의미가 내포하고 있듯, 주체 그 자체는 진리가 될 수 없다.* 반 면 탈구조주의적 관점에서 주체가 타자성에 영향을 받는다고 해도, 주 체는 적극적으로 사건과 마주하며 진리를 선언하는 존재이기에 진리를 향한 확실성을 갖는 존재이다. 그러나 그렇다고 진리가 무엇인지 주체 가 알고 있다는 의미는 아니다. 진리라는 것은 앞서 언급하였듯이 인식 의 차원을 초월하기 때문이다.

---

* 주체가 진리가 아닌 이유는 진리는 무한하지만, 주체는 유한하기 때문이다.

바디우는 사도바울을 예로 들고 있는데, 다메섹에서 예수님을 만난 바울은 그때의 사건을 통해 예수님의 부활하심을 진리로 선언하고, 죽음의 순간까지 진리를 향한 충실함을 이어 나간다. 그러나 이때의 사건이 사도바울에 의해서만 선언된 사건이라면, 하나의 사건은 그저 나타났다 사라지는 단편적인 사건에 불과하다. 현시된 사건은 다른 사건들과의 부분집합으로 계속 접속되어 다수로 존재할 때 비로소 진리가 된다. 따라서 예수님의 부활 사건이 진리로서 존재할 수 있는 것은 현재까지도 이를 믿고 진리라 선언하는 그리스도인들의 충실성에 있다.[126]

이러한 진리는 무한으로 존재한다는 것에서 지식과는 구분된다. 지식은 규정되고 제한된 것이라면, 진리는 무한히 열려 있기 때문이다.* 따라서 진리는 고정된 채 존재하는 것이 아니라, 주체들의 탐색을 통해 새로운 의미들을 끊임없이 발생시킨다. 이는 진리가 변화되기 때문이 아니라, 진리는 다자(多數)로 존재하기 때문이다.

예를 들어 하나님이라는 존재가 있다. 하나님은 때로는 아버지로, 때로는 구원자로, 때로는 심판자 등으로 의미화된다. 그러나 이러한 의미의 변화가 하나님이라는 존재 자체에 대한 변화를 의미하는 것은 아니다. 존재라는 것은 처음부터 다수로 존재하였고, 다만 상황으로 현시되는 순간 일자화되었기 때문이다. 따라서 하나의 의미가 현시되었다고 해서 다른 의미들이 존재하지 않은 것은 아니다.

---

* 진리는 옳고 그름의 차원을 넘어선다. 이러한 시비(是非), 미추(美醜) 등을 판단하는 기준이 진리 그 자체가 아닌, 인간의 인식에 따른 결과이기 때문이다.

지식의 경우처럼 백과사전적으로 하나로 일자화된 존재 이해는 의미화의 과정에서 환원된 결과일 뿐, 존재 그 자체를 의미하는 것은 아니었다. 이는 구조화된 상황 속에서 하나로 셈해진 결과인 것이다. 그러나 바디우의 진리를 향한 충실성이 지식을 대체하려는 시도는 아니다. 인간의 삶에는 진리가 차지할 수 없는 지식의 자리 역시 필요하기 때문이다.

바디우의 존재론은 지식의 경우처럼 일자화된 존재보다 비일관적인 존재를 향해 있다. 예를 들어 학생은 사전적 의미로 학교에 다니며 공부하는 사람을 뜻한다. 이러한 일자화된 의미는 비-존재론적 영역 안에 부분으로 속해 있을 뿐, 사실상 존재 그 자체에 대한 의미를 설명하는 것은 아니다. 학생이라는 의미는 학교라는 체계에서 나타난 존재 이해이다. 이러한 이해는 각각의 아이들의 존재의미를 현시시키지는 못한다. 아이들의 존재는 학생이라는 차원을 넘어서기 때문이다.

그동안 교육을 비롯하여 일자화된 이해는 존재가 갖는 다수성을 존재하지 않은 것처럼 간주하게 하였다. 이러한 한계는 더 나아가 일자화된 이해 외에는 아무것도 없는 것처럼 받아들이게 한 것이다. 정답은 오로지 하나로 존재하기에 아이들은 오지선다형 문제에서 한가지의 답을 고를 수 있었다.

바디우는 언어화된 세계에 대한 이해는 존재에 대한 본질적 이해를 불가능하게 한다고 보았다. 이에 언어가 주는 한계를 극복하고자 자신의 존재론을 수학을 통해 설명하고자 하였으며, 언어로 표현할 수 없는 예외적인 의미들을 공집합(∅)을 통해 의미화하였다. 공집합은 모든 집합에 부분으로 포함되어 있다. 그러나 공집합은 하나로 셈해질 수 없는 예외적인 집합이다. 바디우는 공집합을 사용해서 다수성에 대한 논의의 가능성을 열었으며, 이를 공백(vide)이라 표현하였다.[127]

공집합으로서 공백은 예외적인 존재의미들을 출현시키는 장소이다. 그동안 근대적 관점에서 예외적인 상황과 의미는 비정상적인 것으로 치부되어 철저히 배재되어 왔다. 완전성을 추구해 온 근대의 체제를 흔드는 이러한 불완전성은 그 자체로 억압해야만 하는 것이었다.

이러한 현상은 교육적 상황에서도 마찬가지다. 교육은 그동안 아이들 각각의 존재의미의 출현시키기보다, 획일화된 교육의 목적과 목표에 따라 수동적으로 따르도록 하였다. 각각의 존재의 다름에 대해서는 차이로 받아들이기보다 틀린 것으로 치부해 온 것이다. 학교는 유아교육부터 고등교육까지 획일화된 상(이미지)을 만들어 내었고, 그렇게 성장해야 올바르게 성장하는 것으로 믿게 하였다.

그러나 절대적이라 믿었던 진리화된 지식의 해체는 교육에 있어 혁신과도 같은 변화를 요구하고 있다. 문제는 그러한 변화가 바디우가 비판하듯, 전통과 대립적인 측면에서 그동안 교사에 의해 주변화되었던 아이들을 반대로 중심화하려는 시도들로 나타나고 있다는 것이다.

이러한 시도는 또 다른 중심을 만들어 내는 시도이다. 레비나스가 타자의 충실성으로 주체를 의미화한 이유는, 주체는 본질상 끊임없이 자신을 주체화시키는 존재이기 때문이다. 타자의 타자성에 영향을 받는다고 해도 주체는 자기해석으로 세상을 바라보는 존재이다. 바디우 역시 이러한 주체의 특성을 이해하고 있었고 주체의 위치를 복권하려는 시도에 있어서, 주체를 먼저 상정하지 않았다. 주체는 비로소 진리의 등장과 함께 나타나는 존재이다. 사도바울이라는 존재가 그리스도라는 진리와 함께 비로소 현시된 것과 같다.

바디우에게 예외적인 사건들은 질서로부터 벗어나, 그저 나타났다 사라지는 우연성을 갖는다. 즉 질서 안에 포섭되지 못한 채 나타났다 사라져 소진되어 버리는 것이다. 이러한 소진을 막기 위해서는 개입(intervention)이 필요한데, 개입은 우연적으로 발생하는 이름 없는 사건에 이름을 부르는(명명) 작업이다. 이름 없는 사건이 명명되고, 사건을 향한 지속적인 충실성(fidelité)이 이어질 때, 그때 비로소 진리는 진리화되며 더불어 주체가 발견되는 것이다.

이러한 과정은 중심으로부터 전개된 진리의 과정이 아닌, 부분으로부터 시작된 진리의 과정이다. 이때 사건 역시 주체처럼, 그 자체가 진리는 아니다. 무한한 충실성의 작용이 요구되기 때문이다. 이러한 과정은 지속적인 것으로 또 다른 명제를 만드는 진리화의 작업이 아니라 상황을 변화시키기 위한 실천적인 작업이다.

바디우에게 주체는 인식주체나 개별적 자아를 의미하는 이름이 아니다. 충실성의 존재이다. 따라서 자아는 미리 결정된 존재가 아니다. 예외적인 사건의 등장과 함께 출현하며 진리를 지탱하는 존재이다. 그러기에 바디우에게 중요한 것은 실천됨이다. 바디우에게 주체는 기존의 질서에 무조건 순응하는 존재가 아니라, 기존의 질서를 뒤흔들며, 자신에게 부여된 경계를 파괴하는 존재로서 자기동일성을 넘어 예외적인 존재가 된다.

예외적인 존재로서의 주체는 혁명적 존재이다. 또 다른 질서를 만들어 내기 때문이다. 즉, 진리에 대한 충실성을 가진 주체는 자신의 정체성을 찾아가는 과정에서 지금까지의 질서체계를 흔들고 새로운 보편성을 규정하는 혁명적 존재가 된다.

이러한 바디우의 존재론이 교육에 주는 의의는 교육은 더 이상 하나로 획일화될 수 없다는 것이다. 획일화된 교육은 각각의 존재의 예외성을 비정상적인 것으로 치부하게 한다. 따라서 교육은 긍정적이든, 부정적이든 국가 수준의 차원에서 하나로 중심화하려는 작업에서 벗어나 부분집합으로 존재하는 교육의 다수성을 인정해야 한다. 이러한 다수성에 대해 교육은 틀림이 아니라, 차이로 받아들일 수 있어야 할 것이다.

또한, 아이 존재에 대해서도 지금까지의 교육학적 지식에서 벗어나 그 자체로 상황을 통해 자신을 현시시키는 존재와 마주해야 할 것이다. 그러나 이러한 과정이 지식의 무용설을 의미하는 것은 아니다. 수동적인 존재로 주어진 일자화된 지식을 습득하는 과정으로 교육이 전개되기보다, 나타나는 상황과 마주해야 함을 의미한다. 드러나는 사건이 갖는 의미를 발견하고, 의미에 대한 충실성을 통해 자신을 변화시키는 존재로, 더 나아가 세상을 변화시키는 혁명적인 존재들로 아이들을 바라보아야 할 것이다.

4장

동양철학의 흐름으로
살펴본 교육

지금까지 우리나라 교육은 조선 말기 서구식 교육의 유입으로 유학전통의 교육이 서구식 교육으로 대체되어 실천되어왔다. 이러한 변화는 동양의 전통적인 교육관과 함께 교육이 추구하고자 한 이념까지도 잊게 하는 결과를 초래한 것이다. 그러다 보니 현대사회의 교육은 오히려 동양사보다 서양사에 더 익숙하고 친숙하다.

동서양의 구분은 동양의 교육과 서양의 교육을 분리해 대립적인 관계 속에 이해하려는 시도는 아니다. 교육이라는 의미가 나타내듯 敎育(교육)이 의미하는 것도 서양의 페다고지(pedagogy)처럼 '가르치고 기르는 일'로 이해될 수 있기 때문이다.

그러한 유사성에도 지금 우리가 동양사를 통해 교육을 살펴보는 이유는 근본적인 측면에서 두 사상이 말하고자 하는 의미를 발견하기 위해서이다. 이러한 의미는 단순히 우리나라가 동양에 속하였기 때문이 아니라, 지금까지 서양사를 통해 해석되어 온 교육을 또 다른 차원에서 살펴봄으로 교육의 의미를 발견할 수 있을 것이다.

근본적으로 동양에서 교육(敎育)이라는 단어는 일반화된 표현이라 볼 수는 없다. 동양에서는 교육(敎育)이라는 표현보다는 '가르침과 배움'의 교(敎)와 학(學)이 더 보편적으로 사용되어 왔기 때문이다. 더 나아가 유학전통에서 교육은 '인륜을 밝히는 것(明人倫)'에 궁극적인 목적이 있다.

흔히 동양의 사상은 관념론적으로 현실과 괴리되어 이상적인 측면에서 이해되곤 하는데, 본질적인 측면에서 동양의 사상은 이론적이기를

넘어 실천적인 삶을 향해 있었다.[128]

동양의 교육철학은 흔히 유학(儒學), 도가(道家), 불교(佛敎)로 범주화
될 수 있다. 유학은 중국의 공자에 의해 창시된 학문으로 초기 유학(原
始儒學, Confucianism)으로는 공자, 맹자, 순자의 사상을 통해 살펴볼
수 있다. 이후 유학은 주자에 의해 신유학(新儒學, Neo-Confucianism)
인 성리학으로 계승되면서, 우리나라 조선시대 국가적 이데올로기 장치
로 작동하게 된다. 우리나라의 대표적인 성리학자로는 퇴계 이황과 율
곡 이이가 있다. 이후 유학은 조선 후기로 넘어오면서 실용적인 측면이
요구됨에 따라 실학으로 비판 계승된다.

도가는 노장사상으로도 불리는데 노자와 장자의 사상을 토대로 전개
되었기 때문이다. 도가의 경우 7세기 초 중국의 당나라로부터 고구려로
유입되었을 거라 추측된다. 그러나 전해진 문화자료들을 해석하는 작
업에서 이미 그 이전부터 유입되었을 거라는 주장도 있다. 또는 유입되
기 이전부터 자생적으로 도교적인 문화가 이미 우리나라에도 나타나고
있었다고 예측하는 학자들도 있다.

석가모니(부처)의 사상을 기반으로 한 불교는, 우리나라의 경우 대략
4세기부터 7세기 무렵 고구려, 백제, 신라 삼국시대 때 유입된 것으로
보인다. 불교는 유교와 더불어 우리나라 정치와 교육에 매우 큰 영향을
미쳤으며, 사람들의 의식과 삶의 토착 신앙으로 자리 잡게 된다.

이러한 동양사상은 서양사상과는 달리 학문적인 영역을 넘어 종교성
이 내포되어 있다. 유학의 경우, 종교적인 측면에서 유교(儒敎)라 표현

되며, 도가는 도교(道敎), 불교(佛敎)는 그대로 불교로서 종교적인 특수성을 갖고 있다.

따라서 이 장에서는 동양철학을 이해하기 위해 유학과 도가, 불교를 중심으로 동양사상에 대한 이해와 교육적 원리를 살펴보고자 한다.

1. 유학 사상과 교육의 얽힘

유학은 오랜 세월 한국인의 정서 가운데 가장 크게 자리 잡은 사상 중하나이다. 500년이라는 조선왕조의 지배적 이념체계이면서도, 지금도한국인을 넘어 동아시아에 영향을 미치고 있는 전통적인 생활양식이기도 하다.

그러나 우리는 유학을 떠올릴 때 권위적이고 가부장적인 측면에서 부정적으로 바라보게 된다. 이러한 인식은 유학이 역사적 흐름 속에 국가적 지배장치로 작동되는 과정에서 권력 유지를 위해 도구화되었기 때문이다. 유학을 창시한 공자의 핵심적인 사상은 인(仁)에 있다. 유학은이기적인 인간의 욕구를 억제하고 사회 윤리적인 측면에서 남을 이해하고 사랑하며 배려하는 마음을 강조한 사상이다. 그러나 이때 윤리적인 것은 규범적인 것으로 당연히 그렇게 해야만 하는 당위성을 갖는다.그러다 보니 유학에서는 자기 존재에 대한 의미보다는 공동체 속의 관계가 강조되었고, 그러한 측면에서 나타난 강제성이 부정적인 인식으로 자리 잡게 된 것이다.

그러나 이때 자기 존재는 타율적인 존재가 아닌 자율적인 존재라는것을 기억해야 한다. 인간을 인간답게 해 주는 인(仁)의 실현은 스스로자신이 완성해 나아가야 하는 자율적 인간관을 통해 가능하다. 유학은 인간을 내외적인 능력을 끌어내려는 욕구가 잠재된 존재로 바라보았으며, 사회체제의 지속과 더불어 발전을 도모하고자 하였다. 또한, 교육을 통해 인간의 문제를 해결하고자 한 것이다.[129]

유학에서 교육이 지향하는 바는 인간 됨이다. 윤리적인 측면에서 인륜(人倫)을 밝히고자 하였으며, 이를 통해 인간관계의 회복과 더불어 일상적인 삶을 지속해서 꾸려 나가는 것에 가치를 두었다. 이러한 유학에 대해서는 초기 유학과 신유학인 성리학, 그리고 유학의 한계를 극복하고자 하였던 실학을 중심으로 살펴보고자 한다.

1) 초기 유학 사상

초기 유학의 경우 기원전으로 거슬러 올라간다. 유학의 창시자인 공자가 살았을 시기가 기원전 551년부터 기원전 479년이므로 유학은 그 시기에 생겨났다고 볼 수 있다. 초기 유학에 있어 대표적인 사상가로는 공자와 맹자, 순자가 있다.

공자(孔子)의 사상과 교육

춘추전국시대의 사상가로서 인(仁)을 인간의 보편적인 덕(德)으로 바라본 공자(B.C. 551-479)는 모든 인간의 본성에는 선(善)을 추구하려는 보편적인 덕이 내재되어 있다고 보았다. 따라서 인간은 누구나 학습(學

習)을 통해 군자(君子)도 되고 성인(聖人)도 될 수 있는 것이다.

〈행단고슬(杏壇敲瑟)〉(겸재 정선, 18세기)*

인(仁)**은 '사람 인'(人)과 '두 이'(二)가 결합된 한자어로 두 사람(二人, two persons)으로 풀어서 이해할 수 있다. 인(仁)에는 사이[間]의 의미가

---

* 겸재 정선이 그린 행단고슬은 공자와 네 명의 제자가 함께 앉아 예악(禮樂)를 공부하는 모습을 표현하였다. 그 모습을 보면 스승인 공자도 제자들과 함께 두 손을 모아 공손한 자세로 앉아 있는 모습을 볼 수 있다.

** 설문해자(說文解字)에 따르면 인(仁)은 '친함(親也)'를 뜻한다.

내재되어 있으며, 사람과 사람과의 관계를 통해 나타나는 자연적 질서로서 사적인 관계가 아닌 공적인 관계를 의미한다. 따라서 인의 실현은 현실적인 삶에서 나타나는 사회적 관계 속에 인간의 인간됨으로 이해되어야 할 것이다. 그러나 이때의 관계는 하나로 일반화된 관계를 의미하는 것은 아니다. 관계는 각각의 관계마다 다르게 나타나기 때문이다.

공자가 주장하는 인(仁)은 사람을 사랑하는 애인(愛人)을 의미한다. 그때의 사랑은 시애(施愛)적인 사랑이다. 인간의 내면으로부터 밖으로 나타나는 인(仁)은 가장 가까운 관계인 부모와 형제간의 관계로부터 점차 확장되어 모든 사람과 만물을 사랑하는 상태로까지 단계적으로 나아가게 된다. 이러한 관계에 기초가 되는 것이 바로 가정에서의 관계이기에 공자는 부모에 대한 효의 마음, 형제간의 우애의 마음을 인(仁)의 시작으로 보았다. 그러한 마음은 점차 국가에 대한 충(忠)의 마음으로까지 나아가게 된다. 따라서 효의 마음을 갖지 못하면 충의 마음은 실현될 수 없다.

공자는 이상적인 인격적 완성체를 성인(聖人)으로 보았는데 사실상 성인(聖人)은 추구해야 하는 인간상이며 실제로 실현 가능한 인간상으로는 군자(君子)를 언급하였다. 군자는 수양을 통해 누구나 도달할 수 있는 윤리적인 인간상으로, 군자를 길러 내기 위해서 학습이 필요하다고 보았다.[130] 이를 위해 시(詩)와 서(書), 예(譽)와 악(樂), 그리고 역(易)과 춘추(春秋)를 배움의 내용으로 삼았다.

공자는 이처럼 학습을 중요하게 여겼으며 배움을 삶의 즐거움으로 보았다. 『논어』의 「학이(學而)편」 제1장을 살펴보면 '학이시습 불역열호

(學而時習 不亦說乎)'라는 구절이 나온다. 이 구절은 '배우고 반복해서 익히면, 즐겁지 아니하겠는가'라는 뜻이다. 이때 학(學)은 '깨달음'을 의미하며, 습(習)은 '실천하고 행하다'의 의미가 내포되어 있다. 동양에서는 교육이라는 표현보다 학습으로 표현하고 있는데, 실천적 의미가 내재된 습(習)이 의미하는 것처럼 학습은 '뜻을 세우는 것(立志)'으로 깨달음을 실천하는 과정을 말한다. 즉 유학에서 학습은 인륜을 실천하는 도(道)를 위한 과정으로 인간이라면 마땅히 해야 할 도(道)를 실천하기 위한 과정인 것이다.

이때 공자는 인간에게 내재된 보편적 덕성인 인(仁)은 예(禮)를 통해 실천할 수 있다고 보았다. 예(禮)는 당위적 법칙으로서 사회적 규범을 말한다. 예의 실천은 인간의 욕망을 극복하는 과정인 극기복례(克己復禮)를 통해 가능하다. 그러나 공자는 인(仁)의 실현이 예(禮)에 치우쳐 형식적인 측면에서만 강조되는 것에 대해서는 비판한다. 중용(中庸)의 덕으로 형식과 내용이 모두 겸비될 때 비로소 자아가 완성될 수 있다고 보았다.[131]

이러한 공자의 사상이 현대교육에 주는 의의는 교육은 밖으로부터 안으로 전개되는 것이 아니라, 안으로부터 밖으로 점차 확장되어 나아간다는 것이다. 공자의 극기복례(克己復禮)식 교육은 자아를 억압하는 교육처럼 여겨지지만, 그보다 앞서 배우는 사람의 자율성을 중요하게 생각하고 있다는 점, 교육이 형식적인 측면에 그치기보다 내용적인 면에서의 중용을 강조하고 있다는 점에서 의미가 있다.

또한, 교육적 관계에서도 하나로 획일화된 관계이기보다 각각의 관계마다 차이를 두어 교육을 진행하고자 하였다. 그 당시 교육은 일상적인 삶을 의미화하고 있었으며 인간과 인간과의 이상적인 관계를 만들어 가는 것에 중점을 두었다.

그러나 공자의 교육관이 주는 한계는 인간의 자율성을 강조한 반면, 교육적 방법에서는 마땅히 지켜져야 하는 내용을 당연한 것으로 받아들이게 하였다는 것이다. 더 나아가 관계의미가 개별적 존재들로부터 발견된 의미이기보다, 이미 정해진 관계적 질서였다는 것에서 한계를 갖는다.

맹자(孟子)의 사상과 교육

맹자(B.C. 372-289)는 공자의 유학을 이어받아 성선설(性善說)과 왕도정치(王道政治)를 주장한 사상가이다. 맹자는 인간을 동물과 구별하여 인간의 본성을 선한 존재로 바라보았으며, 선한 행동을 실천할 수 있는 존재라 여겼다.

이러한 인간의 본성은 측은(惻隱), 수오(羞惡), 사양(辭讓), 시비(是非)

〈맹자(B.C. 372-289)〉

4단으로 구성되었으며, 4단은 인의예지(仁義禮智)를 통해 표출된다. 인(仁)은 사람을 사람답게 하는 도리를 의미하며, 의(義)는 사람이 마땅히 행해야 하는 길을 의미한다. 즉 사람다운 삶을 위해서는 행함이 강조되는 것이다.

이때 맹자는 "삶도 내가 원하는 것이고 의(義)도 내가 원하는 것인데, 두 가지를 모두 가질 수 없다면 나는 삶을 버리고 의를 취하겠다."*고 하였다. 이러한 맹자의 이야기는 인간의 삶보다도 의(義)를 중요하게 여겼음을 발견하게 한다.

맹자는 사람은 누구나 사양지심(辭讓之心)과 공경지심(恭敬之心)이 내재되어 있어 선천적으로 어버이와 형을 공경하고자 하는 예(禮)의 마음을 갖고 있다고 보았다. 또한, 사람에게는 지(智) 역시 내재되어 있어 도덕성인 시비지심(是非之心)을 통해 잘잘못을 판별할 수 있는 능력을 갖추고 있다고 보았다.

맹자가 살았던 중국의 전국시대는 사회적으로 혼란스러운 시대였다. 맹자는 공자의 사상을 이어받아 왕도정치(王道政治)를 주장하였고 사회의 질서를 확립하기 위해 가장 먼저 가정의 윤리를 바로잡아야 한다고 보았다. 이를 위해 맹자는 인의예지(仁義禮智) 중 모든 덕목을 통섭하는 인의(人義)를 교육적 이념으로 삼는다. 인(仁)의 핵심인 어버이를 섬기는 일과 의(義)의 핵심인 형을 따르는 일을 통해 가정에서의 질서

---

* 二者不可得兼, 捨生而取義者也.

가 우선으로 확립된다면, 이를 확대하여 사회적 질서까지 확립될 수 있을 거라 보았다.[132] 이때 교육의 목표는 인의예지(仁義禮智)의 도덕성을 실현하는 것에 있다.

맹자가 인간의 본성을 선하다고 본 것은 선을 깨달을 수 있는 도덕성이 내재되어 있기 때문이다. 그러나 맹자는 만약 그저 먹고 마시며 입고 자는 것에만 만족하고, 어떠한 가르침과 배움 없이 인간을 그대로 놔둔다면 동물과 다름없게 될 거라 보았다. 따라서 인간은 학습을 통한 배움이 요구되며 이때의 배움은 시(詩), 서(書), 예(禮), 악(樂)에 대한 깨달음과 자기반성적인 수양의 과정을 통해 나타난다. 교육을 위한 방법으로 맹자는 「진심장구상(盡心章句上)」의 다섯 가지의 방법을 제시하였는데, 먼저는 "단비가 내려 일시에 만물을 소생시키듯이 하는 것이며, 덕을 이루게 하는 것, 재질을 통달하게 하는 것, 물음에 답하는 것, 직접 가르치지 않고 스스로 잘 도야하게 하는 것"이라 하였다. 이러한 방법 중 최고의 가르침은 단비를 통해 일시에 만물이 소생하듯 감화를 통해 스스로 배움을 얻게 하는 것에 있다. 맹자는 "자기의 마음을 다하는 자는 자기의 성(性)을 알게 되고 자기의 성을 알게 되면 천(天)을 알게 된다"고 하여, 도덕성의 근원을 인간의 내면에 둠으로, 배움은 자율성에 의해 스스로 얻을 수 있도록 해야 한다고 보았다. 만물의 이치가 인간 내면에 갖추어져 있기 때문이다.[133]

이러한 맹자의 교육관이 주는 의의는 먼저 교육의 시작을 아이들이 처한 상황으로부터 접근하였다는 것이다. 그 당시 교육은 가정에서의 교육을 시작으로 아이들의 삶과 직접 연결된 관계들을 이해하고 의미를 발견하는 과정으로 실천되었다. 자신의 실재적인 삶에서의 배움은 사회적 차원으로 확장되어 나아가는 과정에서 주지주의적인 배움이 아닌 관계의 원리를 깨닫게 한다는 것에서 의미가 있다.

다음으로 맹자는 인간을 잠재성을 가진 존재로서 이미 그 안에 도덕성이 내재되어 있다고 보았다. 따라서 교육은 인간을 개조하고 변형시키는 과정이기보다 인간 내면에 내재된 도덕성을 발현시키는 과정으로 이해될 수 있다. 이러한 접근은 교육 이전에 아이를 먼저 살피게 하며 인간의 존엄성을 의미화하였다는 것에서 의의가 있다.

그러나 왕도정치를 추구하였던 공자와 더불어 맹자의 사상은 국가적, 사회적 차원에서의 관계의미가 강조되면서 '나' 자신에 대한 존재의미가 전체에 의해 대상화될 수 있다는 한계를 갖는다.

순자(荀子)의 사상과 교육

맹자가 살았던 시대보다 더 극심한 혼란의 시대를 살았던 순자(대략 B.C. 313-238)는 인간의 본성을 선하다고 주장한 맹자의 사상을 비판하며 성악설(性惡說)을 통해 자신의 이론을 전개한다. 인간은 본래 꾸밈이 없는 존재로[*] 배고프면 먹고자 하며, 추우면 따뜻하고자 하고, 힘들

---

[*]   性者本始材朴也.

면 쉬고자 하는데, 이것이 사람의 감정과 본능인 것*이다. 인간은 이러한 자연적 본성이 내재되어 있기에 그에 따른 본능적 욕구로 인해 욕망에 빠질 수 있는 존재이다.

순자는 인간이 선을 추구하는 이유는 그저 자신에게 부족한 것을 채우려는 본성에 의한 결과일 뿐, 사실상 인간은 선(善)하기보다 악(惡)한 존재라고 보았다.

〈순자(대략 B.C. 313-238)〉

이러한 차이에 따라 맹자의 경우 내부로부터 외부를 향해 내면의 도덕성(仁)을 잘 보존하고 배양하여 사회 지향적인 의(義)를 실천하고자 하였다면, 순자는 외부로부터 내부를 향해 인간의 도덕성을 외부로부터 찾는 과정에서 환경의 중요성을 강조한다. 그러한 차이는 도덕을 의식적인 측면에서 내재적이고 자유 의지적으로 바라본 맹자와는 달리, 규범적인 측면에서 도덕을 바라보게 하였다.

천(天)에 대한 사상적 전통에 대해서도 유학에서 천(天)은 인(仁)과 일치된다. 그러나 순자는 천(天)과 인(仁)을 분리해 천(天)의 작용으로 만물과 인간이 생성된 것은 맞지만, 생성된 이후에 만들어진 질서는 인위적인 작용의 결과라고 보았다. 따라서 순자는 자연적인 것으로서의

---

* 今人之性, 飢而欲飽, 寒而欲煖, 勞而欲休, 此人之情性也.

천(天)과 인위적인 것으로서의 본질(인, 仁)은 구분되어야 한다고 주장한다. 이때의 관계는 위계적인 측면에서 천(天)이 위에 있고 인(仁)이 아래에 있는 것이 아니라, 천(天)과 인(仁)이 동등한 위치에 존재한다고 보았다.

순자의 이러한 사상은 동양의 전통 유학사상과는 이질적인 측면이 있으며 오히려 서양의 근대사와 유사한 면을 발견하게 한다. 천(天)의 역할보다 인(仁)의 역할을 주체적인 위치에 올려놓음으로 자연이 갖는 한계(인간의 본성 등)를 인위적인 노력을 통해 극복하고자 하였기 때문이다.

이러한 사상의 유사성은 사상적 배경이 되는 시대성에 있다. 서양의 계몽주의 사상을 등장시켰던 시대적 혼란이 순자가 살았던 당대*에도 나타나고 있었기 때문이다. 순자는 시대적 혼란을 막기 위해서는 맹자의 성선설(性善說)로는 역부족하다고 보았으며 인위적인 실천 활동을 통해 나라의 평화를 지켜 내고자 한 것이다.

순자는 시비(是非)와 선악(善惡)에 대한 앎과 행은 인간에게 내재된 것이 아니라 지(知)와 능(能)에 있다고 보았다. 따라서 인위적인 측면에서 앎[知]과 행할 수 있는 능력[能]을 갖추기 위해서는 외부적인 자극에 의한 인위적인 측면에서의 학습이 필요하다고 본 것이다.

---

* 중국 한나라(韓, 기원전 403-기원전 230)의 유명한 어구 중 "차리리 태평 시절의 개로 살지언정, 난리판의 사람으로 살지 말라(寧爲太平犬, 莫作亂離人)"라는 구절이 있다. 이 구절만으로도 그 당시 전쟁으로 인해 사람들이 얼마나 처참한 삶을 살아가고 있는지 깨닫게 된다.

순자는 시(時), 서(書), 악(樂), 예(禮), 그리고 노나라의 역사를 기록한 춘추(春秋)를 교육내용으로 지행합일(知行合一)적 자세를 통해 앎과 행이 함께 나타나야 한다고 보았다. 이때 교육의 목적은 실천을 위한 것으로 교육은 앎에 대한 깨달음보다 행함이 더 중요하다고 하였다.

이러한 순자의 사상은 공자와 맹자의 사상과 비교하였을 때, 인의(仁義)보다는 예(禮)를, 형이상학적인 것보다는 형이하학적인 것을 의미화하고 있음을 살펴볼 수 있다. 그러나 그러한 차이에도 순자의 사상이 유학 사상의 전통에 포함될 수 있는 것은 유학을 기반으로 공자의 사상을 계승하여 예(禮)를 삶의 표준으로 삶고 있기 때문이다.

이러한 순자의 사상이 현대 교육에 주는 의미는 앎보다는 실천됨에 의미를 두었다는 것이다. 순자는 일상적인 삶에서 표출될 수 있는 앎을 중요하게 여겼으며 그때의 앎의 목적은 '알고-있음'의 의미를 넘어 인간의 본성 자체를 변화시키는 것에 있었다.

또한, 순자는 교사의 역할이 해체되고 있는 현대사회에서 오히려 훌륭한 교사의 필요성을 언급함으로써 교육은 아이 혼자서 성취해야 하는 과정이 아닌 스승과 아이가 함께 극복해야 하는 과정으로 이해하게 하였다.

그러나 그러한 의의에도 순자의 사상이 갖는 한계는 인간을 악한 존재로 바라보는 과정에서 인간을 그 자체로 존중하기보다는 개조시켜야만 하는 그 무엇으로 바라보게 하였다는 것이다. 순자는 각각의 사람은 됨됨이와 능력에 있어 차이가 나타난다고 보았지만, 그때의 차이는 인간 본유의 차이가 아닌 후천적인 노력에 의한 결과일 뿐, 아이들 각각의 특수성이 비판적인 측면으로 해석되었다는 한계를 갖는다.

2) 성리학

후기 유학은 신유학(新儒學)이라 불리며 공자와 맹자 등의 유학을 이어받아, 주자, 왕양명, 퇴계 이황, 율곡 이이 등에 의해 계승된다. 질서와 체계를 중요시한 동양사상의 경우 선진사상가들의 사상을 존중하며 이를 계승 발전시키는 것에 목적이 있었다. 따라서 그들의 학풍을 이어받아 자신의 이론을 전개해 나아갔다는 점에서 변증법적인 토대로 전개되어 온 서양사상과는 차이를 갖는다.

신유학은 동시대의 사상이었던 도교와 불교에 영향을 받았으며, 중국에서는 주자와 왕양명에 의해 성리학으로 이론화된다. 우리나라는 주자의 성리학에 영향을 받아 퇴계 이황과 율곡 이이에 의해 전개된다.

주자(朱子)의 사상과 교육

주자(1130-1200)는 유학에 영향을 받은 사상가이면서도, 도가와 불교를 함께 연구한 사상가이다. 특별히 불교에 관심을 가졌으며, 불교에 대한 이해는 주자의 성리학 체계에 영향을 미치게 된다. 주자는 이기론(理氣論)과 심성론(心性論)을 통해 자신의 사상을 전개하는데 이기론은 리(理)와 기(氣), 심성론은 성(性)과 정(精)이라는 이분법적인 틀에서 세상을 이해하고자 한 시도이다.

〈주자초상(朱子肖像)〉(채용신, 1914)

주자에게 리(理)는 천지 만물의 근원으로서 보편적인 원리를 의미한다. 리(理)는 선재(先在)하는 것으로 사물 속에 내재되어 기(氣)의 근원이 된다. 기(氣)는 물질적인 차원을 의미하며 인간이 인식할 수 있는 대상으로 존재한다. 이때 리(理)가 형이상학적이라면 기(氣)는 형이하학적인 것으로 만물의 형체를 이루는 질료를 뜻한다. 리(理)와 기(氣)의 관계는 불잡불리(不雜不離)의 관계로 존재하며 리(理)는 기(氣)가 없이는 존재할 수 없으며, 기(氣) 역시 리(理)가 없으면 존재근거를 상실한다.

주자는 심성론(心性論)을 통해 인간의 마음(성, 性)과 마음의 움직임(정, 精)에 대한 원리를 체계화한다. 인간은 태어날 때부터 인의예지(仁義禮智)라 불리는 본성을 갖고 태어나는데, 그러한 본성은 측은지심(惻隱之心), 수오지심(羞惡之心), 사양지심(辭讓之心), 시비지심(是之心非)이다. 이때 인(仁)에 대한 움직임은 측은지심이며, 의(義)에 대한 움직임은 수오지심, 예(禮)에 대한 움직임은 사양지심, 지(智)에 대한 움직임은 시비지심으로 표출된다. 그러나 이러한 마음의 움직임이 항상 선한 상태로 나타나는 것은 아니다. 인간의 마음은 선과 선하지 않은 마음의 가능성이 기(氣)로서 내재해 있으므로 리(理)와 합치될 때에만 선으로 표출될 수 있다.

이러한 특성은 본연지성(本然之性)과 기질지성(氣質之性)으로도 이해될 수 있는데, 본연지성은 순수한 리(理)를 의미하며 기질지성은 기(氣)와 결합되어 있는 리(理)를 의미한다.

주자는 인간에게는 천지가 부여한 마음(성)이 있다고 보았다. 그러나 그것을 발현하는 주체는 천지가 아닌 인간이기에 인간은 마음의 주체성을 길러 외부적인 것으로부터 마음을 보존하는 것이 중요하다. 인간은 외부환경에 영향을 받는 존재이다. 주자는 환경적 요인을 통한 후천적 배움은 오히려 본성에 내재된 도덕성을 변질시킨다고 보았다. 따라서 성선설을 주장한 맹자에 이어, 먼저는 인간 내면의 도덕적 순수성을 회복시키는 것이 우선되어야 한다고 보았다.

주자가 살았던 당시의 상황을 살펴보면 그 당시는 교육은 도덕적 인격완성을 목적으로 보통 6, 7세부터 사설 교육기관인 서원에서 향인(鄕人)들에 의해 『육경(六經)』을 중심으로 교육이 진행되었다. 그러나 당시에는 과거제도를 통해 출세가 가능한 시대였다. 그러다 보니 세속적인 욕망 때문에 교육은 근본적인 목적을 잃고 그저 출세를 위해 지엽적인 수단으로 활용되고 있었다. 이에 대해 주자는 당시 과거제도를 강력하게 비판한다.

주자는 선지후행설(先知後行說)을 통해 올바른 행동을 위해서는 먼저 무엇이 올바른지를 알아야 한다고 보았다.[134] 즉 교육은 어떠한 수단이 되기보다 인간 내면에 보편적으로 내재된 옳음에 대한 깨우침이 우선되어야 할 것이다.

그러나 주자가 지(知)를 우선하였다고 해서 지(知)가 더 중요하고 행(行)이 다음이라는 의미는 아니다. 행(行)이 지(知)보다 뒤에 오는 것은 맞지만, 경중을 따진다면 주자는 행(行)이 더 중요하다고 보았다.* 이러한 지(知)와 행(行)의 관계는 단순히 시간의 순서로 이해될 수 없다.

이러한 시대적 상황은 지금의 유효하다. 지금의 교육도 입시를 목적으로 본질적인 배움에 대한 의미보다 좋은 대학을 가기 위해, 혹은 좋은

---

* 論先後 知爲先 論輕重 行爲 重.

직업을 얻기 위한 수단으로 변질되었기 때문이다. 따라서 주자가 주장하듯, 지금의 교육은 입시 위주의 교육에서 벗어나 교육의 본질적 의미를 되찾아야 할 것이다. 또한, 교육은 앎은 앎대로 행함은 행함대로 분리되어 이행되는 것이 아니라, 앎과 행함이 연결된 교육으로 실천되어야 할 것이다.

왕양명(王守仁)의 사상과 교육

왕양명(1472-1528)은 공자와 맹자의 유학은 물론 주자의 성리학까지 영향을 받은 사상가이다. 왕양명의 재미있는 일화를 살펴보면 풀 한 포기, 나무 한 그루에도 리(理)가 담겨 있다는 주자의 이기론(理氣論)을 통해 리(理)를 발견하고자 왕양명은 친구와 함께 뜰에 있는 대나무를 탐구하게 된다. 그러나 함께 탐구하던 친

〈왕양명(1472-1528)〉

구는 3일 만에 쓰러지고 자신도 7일 만에 쓰러질 때까지 대나무의 이치를 알아낼 수가 없었다는 이야기다.

왕양명은 이러한 주자의 격물치지(格物致知) 이론에 의문을 갖고, 심즉리(心卽理)를 통해 자신의 사상을 체계화한다. 심즉리는 주자의 심

성론(心性論)과는 구별된다. 심성론은 심(心)과 리(理)를 이원론적으로 분리하여 리(理)를 선재 하는 것으로 바라보았지만, 심즉리에서는 '마음은 곧 리(理)'로서 심(心)과 리(理)는 분리될 수 없다고 보았다.

심즉리에서의 마음은 '나의 마음'을 의미한다. 앞서 대나무를 탐구하는 과정에서 왕양명은 나라는 주체는 대나무라는 사물 하나 깨달을 수 없는 존재로서 마음은 사물과 하나가 될 수 없음을 경험하였다. 결국에 이치를 깨닫게 되는 것은 '나'라는 주체 밖에서 가능한 것이 아니라 나의 마음을 통해 가능한 것이다. 왕양명은 인간의 마음에 완전성을 부여하며 주자와는 다른 측면에서 격물치지(格物致知) 이론을 펼친다.

리(理)는 형이상학적으로 선재하는 그 무엇이 아니다. 마음속에 존재하는 것으로, 마음이 바로 리(理)이다. 예를 들어 효(孝)라는 것에 대해 이론적으로 그 의미를 이해하고 있고 이를 직접 실천하였다고 해도, 그러한 효가 나의 마음으로부터 우러나온 것이 아니라면 그때의 효는 아무런 소용이 없다.

이러한 이해는 '앎이 먼저냐', '행함이 먼저냐'라는 이원론적 접근에 대해서도 결국에는 앎과 행함은 분리될 수 없는 하나로서 지행합일(知行合一)을 주장하게 된다. 마음과 리(理)가 하나이듯, 지(知)와 행(行)도 하나인 것이다.

왕양명은 앎은 마음의 본체이며 마음을 통해 자연히 알게 되는 것이라 하였다. 아버지를 보며 자연스럽게 효도할 줄 알고, 형을 보면 자연스럽게 공손을 알게 되는 것이다. 이처럼 옳고 그름은 밖으로의 가르침

을 통해 알게 되는 것이 아니라 내면으로부터 알게 되는 것이다.[135]

왕양명은 인간은 내면의 완전성을 가진 존재라고 보았다. 이때의 인간은 성인만을 의미하지 않으며, 아이 역시 완전성을 가진 존재이다. 따라서 왕양명에게 가르친다는 것은 인간 내면의 완전성을 발현하는 과정으로, 진정한 배움을 위해서는 마음에 내재된 본체를 회복해야 한다고 보았다. 이때 교육은 잘 가르치는 것에 있지 않으며 잘 발현시키는 것에 있다.

내면의 본질은 각각의 존재마다 차이가 나타난다. 따라서 교육은 먼저 아이의 기질과 재능을 살펴야 할 것이다. 왕양명은 성인(聖人)은 사람을 가르칠 때 그들을 속박하여 모두 똑같이 만들지 않는다고 하였다. 따라서 교육은 인간 본체를 향해야 하며 그러지 않을 경우, 오히려 본체는 상하게 할 것이다.

이는 식물에 물을 주는 것과 같다. 모든 식물은 물을 필요로 하지만, 물을 주는 방법은 식물마다 달라야 한다. 어떤 식물은 너무 많은 양의 물을 주게 되면 흠뻑 젖어 죽을 수도 있기 때문이다.[136] 그러기에 교육은 아이들로부터 시작되어야 할 것이며, 각각의 차이에 따라 다르게 접근되어야 할 것이다.

이러한 왕양명의 사상이 현대교육에 주는 의의는 교육의 출발점이 이미 결정되지 않고 아이들 각각의 내면으로부터 시작된다는 것이다. 이를 위해 왕양명은 입지(立地)를 통해 아이들이 각각 교육을 왜 해야 하는가에 대한 자신의 동기를 발견할 수 있도록 해야 한다고 보았다. 따라서 누군가 시켜서 하는 교육이 아닌 각자 자신이 뜻하는 바를 발현시키는 과정으로 교육은 진행되어야 할 것이다. 더 나아가 왕양명은 획일적인 측면으로 교육이 전개되기보다 아이들의 자율성과 개성이 존중받을 수 있도록 실천되어야 한다고 보았다.

그러나 이러한 왕양명의 사상은 동시대성을 통해 이해될 필요가 있다. 유학전통이 내재된 왕양명의 사상은 주체적이며 능동적인 교육의 중요성을 언급하지만, 이는 개별적 존재의 주체성보다는 사회라는 공동체와의 조화로운 삶을 우선으로 강조하고 있기 때문이다. 이러한 이해는 공동체라는 전체 속에 개별적 존재의미가 소외될 수 있다는 한계를 갖는다.

퇴계 이황(退溪 李滉)의 사상과 교육

앞서 후기 유학(성리학)에 대해 중국의 주자와 왕양명의 사상을 살펴보았다. 이후로는 우리나라 성리학자인 퇴계 이황과 율곡 이이의 사상을 살펴보고자 한다. 유학은 안향 선생이 주자학을 전하는 과정에서 전해졌으며 우리나라의 경우 국가적 이데올로기를 확립하기 위한 장치로

〈퇴계 이황〉(이유태, 1974)

작동된다. 조선 초기 성리학은 도덕적 윤리를 중요하게 여겼으며 후기에는 실용주의적 사유가 전개되면서 성리학에 새로운 변화가 나타난다.

조선 초기 성리학자인 퇴계 이황(1501-1570)은 우리나라에 성리학이 전해진 이후 주리적 성리학의 기초를 마련한 사상가이다. 유학에서 말하는 도덕적 실천을 충실하게 이어받은 성리학은 인간 심성의 본질적인 문제에 대해 윤리적 관점에서 실천적 차원으로 전개된다.

유학에는 두 가지 의미가 내포되어 있는데, 하나는 '모든 것은 나에게서 비롯된다(유기, 由己)'와 '나를 이루어 간다(성기, 成己)'이다.[137] 유학은 성인군자(聖人君子)라는 이상적이며 도덕적인 존재를 형성하기 위한 과정이다. 이를 위해 먼저는 개인적 차원에서 자신의 몸과 마음을 다스려(수신, 身濟) 가정을 안정(제가, 家治)시킨 후, 나라를 다스리며 천하를 평정하게 한다(치국평천하, 治國平天下)는 국가적 이념을 실현하고자 하였다.

성리학에서 추구하는 성인과 군자로서의 이상적인 삶은 인간 내면에 선천적으로 주어진 인간다움을 실천하는 것에 있으며, 이상적이지만 실천적인 차원에서 도덕적 인격을 형성하는 것에 목적이 있다.

퇴계 이황은 배움[學]이란 그 일을 익혀[習] 참되게 실천하는 것이라 하였다.[138] 이는 이론적 지식과 더불어 실천적 지식의 중요성을 언급한 것으로 도덕적 실천은 학문의 과정이 요구되며 이때 학문은 도덕적 가치를 실천하기 위한 이념의 근거가 된다.

'배운다는 것[學]'은 본받는 것이다. 퇴계 이황에게 교육은 객관적인 사실에 대한 이론을 익히는 과정이기보다, 본받아 깨우치는 과정이다. 인간은 천(天)에 따라 선함이 본성에 내재되어 있지만, 이러한 선함은 후천적인 깨달음을 통해 가능하기 때문이다. 이때 교사의 역할이 요구된다.

성리학에서 교사는 객관적인 지식을 많이 가진 사람이거나, 지식을 효율적으로 잘 전달하는 사람이 아니다. 교사는 먼저 깨우침을 경험한 사람이다. 이때 교육은 먼저 깨우친 자를 본받아 스스로의 깨달음은 얻는 과정이다.[139]

이러한 접근은 현대사회에서 이해되고 있는 교육과 차이를 갖는다. 지금의 교육은 아이들은 '모른다'를 전제로 먼저 된 자의 가르침을 통해 지식이 전달되기 때문이다. 그러나 퇴계 이황에게 '깨닫다'라는 의미는 객관적인 사실적 지식을 습득했다는 의미와는 다르다. 인간은 본래 천(天)의 마음*이 내재되어 있기에 자신의 본성을 통해 깨달아 알게 되는 것이다. 이를 위해서 교육은 먼저 끊임없는 노력과 자기 수양을 통해 외부의 작용으로 인해 퇴색되어 버린 본성을 회복시키는 과정이 요구된다.

성리학에서 말하는 교육적 본질은 앎과 실천에 있으며 교육적 목적은

---

* 유학의 천인합일(天人合一) 사상을 살펴보면 인간 본질은 개인에 국한된 것이 아니며 인간은 개별적 존재이면서도 본질적으로 전체로 존재한다. 인간은 하늘과 합일체(合一體)인 것이다. 이러한 관점에서 인간의 본성과 규범은 천(天)에 따르며 천인(天人) 관계에서 규범이 제시된다.

주체적인 인격으로서 성인(聖人)이 되는 것에 있다. 성인은 자율적으로 판단할 수 있으며 올바른 가치를 선택하고 이를 실천할 수 있는 존재를 말한다.

어린 시기부터 성인기까지 성인(聖人)이 되기 위한 성리학의 교육은 「소학」과 「대학」*의 내용을 통해 살펴볼 수 있다. 그때의 교육은 '배움의 목적은 무엇인지', '어떻게 실천하고 노력할 것인지', '개인은 어떻게 자기를 형성할 것인지', '가족과 국가사회의 구성원으로서 무엇을 할 것인지'에 대한 내용으로 구성되어 있다. 이러한 배움의 목적은 앎 그 자체에 있는 것이 아니라, 실천을 위한 깨달음에 있다.[140]

퇴계 이황은 교육에 있어 생각과 행위의 일치를 강조하며 이러한 과정은 과업으로 제시되기보다 즐기며 음미할 수 있도록 해야 한다고 보았다. 몰입이라는 의미에 '즐기다'라는 의미가 내재되어 있는 것처럼 교육은 외부로부터 주어지는 것이 아니라 내부로부터 스스로의 깨달음으로 시작되어 즐기게 되는 것이다. 그러기 위해서 교육은 결과를 얻는 것에 목적을 두기보다 알기 쉬운 부분부터 시작하여 자연스러운 탐구가 진행되도록 해야 할 것이다.

이러한 퇴계 이황의 성리학이 현대교육에 주는 의의를 살펴보면 지

---

* 소학 교육은 초등단계로 교육내용을 살펴보면 오륜에 관한 윤리와 도덕교육이었다. 소학의 단계에서는 삶에서의 예의범절과 기초적인 지식을 배우는 과정이었다. 대학교육의 경우 수기(修己)와 치인(治人)을 중심으로 지도자가 지녀야 할 자질을 갖추기 위한 교육이다. 이를 위해 개인의 인격완성과 지도자로서의 덕을 갖추게 하였다.

금의 교육은 외부로부터 주어진 지식을 무조건 주입하는 방향으로 전개되고 있지만 그러한 접근은 깨달음으로 다가오기 어렵다. '깨닫다'라는 의미는 이미 내면에 앎이 있다는 것을 전제하는 표현이다. 따라서 교육은 아이들의 앎으로부터 시작하여 아이들이 스스로 깨닫는 과정으로 나아가야 할 것이다.

또한, 교육은 되고자 하는 방향으로 나아가는 것이 아니라 선천적인 자기 본성을 발견하는 과정으로 이해될 수 있다. 이는 다른 사람과 비교되는 삶, 다른 사람을 따라가는 삶이 아니라 나 자신을 찾아가는 삶이다. 이러한 삶은 그동안 객체로 존재하였던 아이들을 주체적인 존재로 의미화할 것이다.

다음으로 퇴계 이황의 사상은 교사의 역할을 다시 생각하게 하였다. 교사에게 필요한 역량은 잘 가르치는 기술이 아니라 먼저 깨달음을 얻은 사람으로서 자기 삶에 대한 깨달음이 있는 사람이다. 이때 교사와 아이들과의 교육적 만남은 삶과 삶으로의 만남으로 가르침과 배움의 관계가 아닌 '본받음'의 관계가 요청되는 것이다.

그러나 깨달음의 중요성을 강조하고 있는 사상은 교육에 있어 실천이 갖는 의미를 언급하고 있지만, 실천이 이상적인 측면에 치우쳐 있음을 발견하게 한다. 또한, 관계에 있어서 형이상학적인 질서와 체계는 아이들이 주체가 된 교육을 실천하고자 하여도 어른과 아이라는 관계 속에 아이들은 수동적인 존재로 따라야만 하는 상황에 놓이게 한다는 한계를 갖는다. 따라서 교사는 끊임없는 자기성찰을 통해 교사와 아이 모두

가 함께 수양하는 과정으로 교육이 전개되도록 해야 할 것이다.

율곡 이이(栗谷 李珥)의 사상과 교육

앞서 퇴계 이황이 경(敬)으로의 깨
달음과 성찰의 중요성을 강조하였다
면, 율곡 이이(1536-1584)는 상대적
으로 성(誠)의 중요성을 강조한 성
리학자이다. 율곡 이이에게 성(誠)
은 교육의 핵심이 되는 것으로 '배우
는 자는 반드시 진실한 마음으로 도

〈율곡 이이〉(김은호, 1975)

를 향하고 세상의 잡된 일로부터 자신의 뜻이 흔들리지 않을 때 학문의
기초를 이룰 수 있다*고 보았다.[14] 이를 '학자필성심향도(學者必誠心向
道)'라 하여, 이때 성(誠)이 의미하는 바를 살펴보면 언(言)과 성(成)으
로 이루어진 성(誠)은 '말을 이룬다'라는 의미가 포함되어 있다. 즉, 앎
에 대한 이해에 있어 리(理)에 치우친 퇴계 이황과는 달리, 율곡 이이는
앎의 지식적인 차원을 넘어 실천됨의 중요성을 밝히고자 하였다. 율곡
이이의 삶을 돌아보더라도 여러 관직을 역임하며 현실정치에 실천적인
참여를 하였던 그의 삶은 현실참여보다는 학문에 전념하고자 하였던

---

*   學者必誠心向道 不以世俗雜事 亂其志然後 爲學有基址 故夫子曰.

퇴계 이황과는 달리 실천적인 삶이 갖는 의미를 발견하게 한다.

율곡 이이는 주자의 이기론(理氣論)을 계승하여 이기지묘(理氣之妙)의 관점에서 인간의 마음을 이해하였으며, 이기(理氣)가 서로 묘합*됨을 통해 심(心)의 현상이 구체화된다고 보았다.

율곡 이이에게 이기(理氣)는 하나이면서도 둘인 관계(二而一)로 형이상학적으로 존재하는 리(理)와 형상으로 존재하며 시·공간에 의해 영향을 받는 기(氣)는, 기(氣)가 없다면 리(理)는 발현될 수 없고, 리(理)가 아니면 기(氣)는 본질적인 의미를 가질 수 없는 관계이다. 이때 리(理)는 보편성을 가지며 기(氣)는 특수성을 가진다. 이통기국(理通氣局)으로서 이(理)는 두루 통하고 기(氣)는 국한되는 것이다.

성리학에서 인간 마음의 기본 문제는 본연지성(本然之性)과 기질지성(氣質之性), 사단칠정(四端七情), 도심인심(道心人心)을 통해 살펴볼 수 있다. 이때 본연지성과 기질지성은 리(理)와 기(氣)의 개념으로 이해된다. 본연지성은 기(氣)가 배제된 순수한 리(理)를 의미하며, 기질지성은 리(理)와 기(氣)가 묘합된 것을 의미한다. 따라서 본연지성은 기질지성을 겸하여 표현될 수 없지만, 기질지성은 본연지성을 겸할 수 있다. 그러기에 기질지성을 가진 인간은 본연지성, 하늘의 이치를 아는 마음이 겸하여 있는 존재이다.

---

* 묘(妙)라는 한자가 의미하는 것처럼 오묘하다고밖에 표현할 수 없는 관계를 의미한다. 하나로 단정 지어 표현될 수 없는 결합인 것이다.

사단(四端)*과 칠정(七情)에 대한 이해도 이러한 원리와 같다. 사단은 칠정을 겸할 수 없으나 칠정은 사단을 겸할 수 있다. 즉 측은지심(惻隱之心), 수오지심(羞惡之心), 사양지심(辭讓之心), 시비지심(是非之心)인 사단은 도심(道心)을 의미하며, 희노애구애오욕(喜怒哀懼愛惡欲)인 칠정(七情)은 인심과 도심이 묘합된 것을 의미한다. 이러한 율곡 이이의 사상은 사단칠정을 엄격하게 구분한 퇴계 이황의 사상과 차이를 갖는다. 율곡 이이는 도심(道心)도 중요하지만, 칠정(七情) 역시 중요하다고 보았다.

그렇다면 인간은 어떻게 인간의 마음과 하늘의 마음을 구분할 수 있을까? 율곡 이이는 결국 인간의 마음과 하늘(천, 天)의 이치는 하나라고 보았다. 표현을 달리한 이유는 인간이 어떠한 방향으로 세상을 바라보는가에 따라 구별되기 때문이다. 인간의 마음은 두 가지로 발현되는데 하나는 도의(道義)를 위한 하늘의 마음이며 다른 하나는 인간의 마음으로의 식색(食色)이다.[142]

이러한 율곡 이이의 교육관을 살펴보면 교육의 목적은 여타의 성리학자들과 같이 성인(聖人)이 되는 것에 있지만 이때의 성인(聖人)은 도심(道心)과 인심(人心)이 일치하는 사람을 말한다.

이때 천일합일(天一合一) 경지에 도달한 성인(聖人)은 인간이라면 누구든지 노력하면 얻을 수 있는 위치이지만, 누구나 쉽게 얻게 되는 것은

---

* 사단은 인의예지(仁義禮智)인 본성에서 발하는 감정을 의미한다.

아니라고 보았다. 따라서 율곡 이이는 군자(君子)를 현실적 이상으로 보았다.

이는 이상과 현실 사이의 조화를 위해 주체적이며 실천 가능한 목적론을 제시한 것으로, 교육에 있어 이론적인 측면뿐 아니라 실천적인 삶의 중요성을 강조한 결과이다. 일상생활이 배제된 배움은 율곡 이이에게는 오히려 의미 없는 것이었다.

현실 중심의 실천적 가치를 중요하게 여긴 율곡 이이는, 교육은 그러한 현실성을 회복함으로 사실적 진리를 추구해야 한다고 보았다. 율곡 이이 당시에도 지금의 입시 위주의 교육처럼 과거라는 제도가 있었다. 율곡 이이는 과거를 위한 교육은 인격교육을 도외시한다고 보았다. 교육이 과거시험을 위한 수단으로 전락되면 근본적인 목적을 잃게 된다고 본 것이다.

그러나 이러한 이해가 과거시험을 위한 공부를 하지 말라는 의미는 아니다. 율곡 이이가 강조한 것은 교육적 이상과 현실적 상황의 분리가 아닌 조화이다. 오히려 지나친 이상 추구보다 이상과 현실이 함께 고려되는 것이 교육의 가장 중요한 과제라고 보았다.

이를 위해서 율곡 이이는 교육을 왜 해야 하는가에 대한 뜻을 세우는 것을 중요하게 여겼다. 이때의 뜻은 누군가 대신 세워 주는 것이 아니라 배우는 자가 스스로 세우는 당위적 뜻을 의미한다. 또한, 지금까지의 관습에서 벗어나 스스로 성취하고자 하는 뜻에 따라 나아갈 것을 강조한다. 이는 인간이 배우고자 하는 뜻을 세웠다면, 몸과 마음가짐을 바르게 하여 그 뜻에 모든 정성을 기울여 전진해 나아가야 한다는 것을 의미한다.

이러한 율곡 이이의 사상이 현대 교육에 주는 의의를 살펴보면 오늘날 교육은 아이들의 배우고자 하는 의지를 살피기보다, 배워야 하는 내용을 강제적으로 제시하고 전달하는 과정으로 진행된다. 이러한 접근은 아이들이 하고자 하는 의지를 스스로 발견하기 어렵게 한다. 교육은 아이들에게 자기 본성을 구현하며, 가치를 실현하도록 해야 할 것이다.

그러한 교육적 관계에 요구되는 것이 바로 아이들을 향한 애정과 신뢰이다. 율곡 이이는 인간 본성에 내재되어 있는 힘을 믿었기에 인간은 스스로 세상의 이치를 발견할 수 있는 존재로 여겼다. 더 나아가 본성의 발견과 더불어 선(先)인의 학문을 공부하는 것 또한 매우 중요하게 보았다. 그러한 교육은 지금까지의 관습에 치우쳐서는 안 될 것이며, 각자가 세운 뜻에 따라 자신의 의지대로 배움을 성취하도록 해야 할 것이다.

따라서 교육은 아이들을 향한 신뢰의 회복이 우선되어야 할 것이며 아이들을 자신의 의지에 따라 배움을 성취할 수 있는 능동적인 존재로 바라보아야 할 것이다.

3) 실학

임진왜란(1592-1598) 이후 조선은 기존의 유학(성리학)에 대한 비판으로 새로운 학문이 제기된다. 이를 후대 학자들은 실학이라 구분한다.

실학자들은 성리학적 사유가 가진 문제점에 대해 극복고자 하였으며,

교육에 있어 개인차를 존중하여 평등한 교육을 실천하고자 하였다. 개인차를 인정하면서도 개인의 능력에 따른 교육을 실천하고자 한 것이다. 더불어 중국 중심의 사대주의적 태도를 비판하며 전반적인 정치, 경제, 교육 등의 개혁을 시도하고자 하였다.

〈임진왜란 부산진 순절도〉(변박, 1760)

실학은 경세치용(經世致用)학파와 이용후생(利用厚生)학파로 구분되는데, 경세치용학파로는 제도권 개혁을 주장한 반계 유형원과 성호 이익이 있다. 그리고 이용후생학파는 생산기술과 관련된 상공업을 통해 국가적 혁신을 이루고자 한 연암 박지원과 초정 박제가가 있다. 이들을 간략하게 소개한 이후, 이 챕터에서는 실학의 대표적인 사상가인 다산 정약용에 대해 살펴보고자 한다.

조선 후기 유학에 있어 실학의 문을 열어 놓은 사상가는 반계 유형원(1622-1673)이다. 반계 유형원은 당시 피폐해진 백성들의 삶과 마주하며 국가적 사회제도의 심각성을 깨닫는다. 본질적인 측면에 치우친 유학의 도(道)의 개념을 실천적인 차원에서 다시 바라보아야 한다고 주장한 것이다. 반계 유형원은 신분에 따른 심각한 차별을 비판하며, 국가제도를 개혁하여 인간 개개인의 능력에 따른 교육기회를 확대해야 한다고 보았다. 반계 유형원과 함께 경세치용(經世致用)학파인 성호 이익(1681-1763)은 반계 유형원의 사상을 발전시킨 사상가이다. 성호 이익역시 사변적인 측면에 치우친 성리학을 비판하며 실용적인 측면에서개혁되어야 한다고 보았다. 이를 위해 과거제를 개편하여 재능이 있는사람이라면 신분의 귀천을 떠나 누구나 선발되어야 한다고 보았다. 또한, 교육은 인간의 주체적인 신념과 자율적인 의지에 따라 실천되어야한다고 보았다.

다음으로 이용후생(利用厚生)학파로 연암 박지원(1737-1805)과 초정박제가(1750-1805) 등이 있으며, 이들은 선진문물을 과감하게 수용하여 상공업을 발전시켜야 한다고 주장한다. 연암 박지원의 경우 배움의중요성을 언급하며 배움에는 형식을 배우는 것과 정신과 내용을 배우는 것이 있다고 보았다. 형식과 더불어, 그 안에 담긴 정신과 내용을 배우지 못하면 진정한 배움이 아니라고 본 것이다.

이처럼 실학은 지금까지의 유학이 전체적인 측면에서 개인을 바라보게 하였다면, 그러한 관계를 다시 조명하며 전체로부터 소외되었던 개인적인 측면의 중요성을 드러나게 하였다.

다산 정약용(茶山 丁若鏞)의 사상과 교육

다산 정약용(1792-1836)은 앞서 조선 중기 율곡 이이로부터 200년 이후의 시대를 살아간 사상가이다. 이전까지 농업이 주 생산수단이었다면, 조선 후기에는 상공업이 상당히 발달했던 시기였다. 더불어 서학이 서양으로부터 전래되면서 다산 정약용은 서학이었던 천주학을 받아들이게 된다.

〈다산 정약용〉(장우성, 1974)

다산 정약용은 당대 사회적 현실을 위기로 파악하였으며, 개혁되지 않는다면 나라는 곧 망하게 될 거라 보았다.[143] 이에 그동안 사상적 토대가 된 성리학의 성즉리(性卽理)를 비판하며 인간 본성에 대한 새로운 이론으로 성즉기호(性卽嗜好)를 제시한다.

인간에 대한 이해에 있어 리(理)와 기(氣)로 만물의 생성원리를 설명한 성리학에서는 인간과 물(物)은 기(氣)는 다르나 리(理)는 같다고 보았다. 인간과 동물(금수)은 본질적으로 동일한 성(性)을 가지고 있다는 것이다. 그러나 다산 정약용은 성리학의 본연지성(本然之性)을 비판하며 인간과 동물[物]은 다르며 사람은 사람만의 본질이 있다고 주장한다.

다산 정약용은 성즉기호를 통해 인간은 자연스러운 욕구와 충동, 본능에 따라 내 마음이 좋아하는 것으로의 경향성을 갖고 있다고 보았다. 각각의 사람들이 좋아하는 것이 있는 데, 그러한 기호(嗜好)를 성(性)으로 본 것이다. 이러한 인간의 고유한 본성에는 선(善)을 좋아하는 경향이 있고 이러한 경향이 물(物)과 구별되는 측면이다. 따라서 인간은 육체적인 삶만을 쫓아 살아가는 동물[物]들과는 다르다. 그렇다고 성(性)이 인간에게만 있고 동물에게 존재하지 않는다는 의미는 아니다. 동물에게도 하늘로부터 받은 성(性)이 있지만, 인간과는 다르게 존재한다.

이때 인간이 선(善)을 좋아한다고 해서, 인간의 삶에 선(善)만 나타나는 것은 아니다. 인간의 경향성은 선과 악이 동시에 나타나며 때로는 선(善)으로, 때로는 악(惡)으로도 나타난다. 선(善)과 악(惡)의 실천은 인간에게 주어진 자주지권(自主之權)에 의한 결과이다. 인간은 자주지권(自主之權)이라는 선악을 판단할 수 있는 능력과 행위를 부여받은 존재이기 때문이다.

인간에게 성(成)은 성리학에서 말하는 것처럼 고정되어 불변하는 것으로 주어지지 않으며 후천적으로 인간의 도덕관과 환경에 따라 가능

교육과 철학의 얽힘

태로서 변화되어 형성된다. 그러한 측면에서 다산 정약용은 인간의 도덕관에 관심을 가졌으며 실천적인 측면에서 인간은 어떻게 선을 실천하는가를 중요하게 여겼다.

사실 다산 정약용에게 인간의 본성이 선한가(성선), 악한가(성악)는 논의의 대상이 아니다. 다만 인간에게 주어진 자주지권(自主之權)을 통해 선을 실천하느냐, 악을 실천하느냐에 따라 나타나는 실천적 문제에 관심을 가진 것이다. 선을 좋아하는 인간의 삶에 악이 존재하는 이유이기도 하다.

다산 정약용과 성리학은 천관(天關)에 있어서도 차이를 갖는다. 그동안 성리학에서는 주자의 음양오행설(陰陽五行說)에 따라 기계적으로 운용되는 자연적 이법자로서 천을 이해하였다. 다산 정약용은 이러한 음양오행설을 비판하며, 성리학은 그동안 인격신인 천(天)의 의지성(意志性)을 배재해 왔다고 비판한다.

다산 정약용은 천(天)의 개념을 자연천(自然天)과 상제천(上帝天)으로 구분한다. 자연천은 자연적인 현상과 작용을 포괄하는 개념이며 상제천은 인격성(人格性)과 주재성(主宰性)을 가진 천의 개념이다. 천주학의 영향을 받은 다산 정약용에게 천(天)은 천지 만물을 만들고 만물을 주재하는 절대적인 존재이다.

이러한 천관에 따라 다산 정약용은 모든 만물은 동등하며 인간의 선천적 차별은 정당화될 수 없다고 보았다. 다산 정약용의 만민평등사상은 당시 신분제에 따라 위계적인 관계 속에 살아가던 인간의 지위를 변화시키는 데 상당한 이바지를 한다.

다산 정약용은 인간의 존재를 타인과의 관계를 통해 이해하고자 하였으며, 인간을 윤리적인 존재로 바라보았다. 인(仁)을 실천할 수 있는 존재인 인간은 인(仁)을 실천함으로 비로소 선에 도달할 수 있다고 본 것이다. 그때 비로소 인간은 참된 인간으로서 존재하게 된다.

여기에서 다산 정약용이 말하는 인(仁)은 성리학에서 말하는 인(仁)과는 다르다. 다산 정약용의 인(仁)은 윤리적인 존재로서 타자를 향한 적극적인 사랑을 의미하기 때문이다. 그때의 사랑도 관념적인 사랑이 아닌 실천적인 사랑이다.

다산 정약용은 인간 이해를 기반으로 효(孝)와 제(弟), 자(慈)를 중요하게 여겼으며, 효(孝)는 자식과 부모와의 관계를 넘어 아랫사람과 윗사람과의 관계에서 실천되는 상향적인 예(禮)를 의미한다. 제(弟)는 인간과 인간 사이에 상호 관계적으로 실천되는 예(禮)를 의미하며 자(慈)는 부모가 자식에게, 그리고 윗사람이 아랫사람에게 베푸는 사랑으로, 하향적인 관계에서의 예(禮)를 의미한다. 이러한 관계는 한쪽으로 흐르는 일방적인 관계가 아니라 상호 윤리적인 관계이다. 즉, 상하 주종의 관계가 아닌, 서로 간, 개인과 공동체 간에 조화를 이루는 균등한 관계인 것이다.

다산 정약용에게 인(仁)은 사람과 사람의 도리를 다하는 것이며, 의무적이며 법적인 강제가 아니라 윤리적인 측면에서 상대적으로 인간의 본분을 다하는 것이다. 이러한 관계는 타자에게 매몰되어 자신을 잃어

교육과 철학의 얽힘

버리는 관계가 아니라 각각의 존재는 자기 존재답게 아버지는 아버지답게, 형은 형답게, 왕은 왕답게 살아갈 때 맺게 되는 관계이다. 이때 비로소 인(仁)이 성립되는 것이다.

그 당시 성리학은 유학 본연의 의미가 세속적으로 변질되어, 권력을 위한 수단으로 전락되어 있었다. 다산 정약용은 근원적인 측면에서 공자와 맹자의 유학 사상으로 회귀하여 유학의 실천적 측면을 다시 살펴보고자 하였다. 또한, 이론적인 측면에서 현실성이 결여된 성리학을 비판하며 인간의 덕이란 선천적으로 주어지기보다 실천을 통해 나타나는 것으로 보았다.

덕은 선을 좋아하는 인간의 성(性)에 의해 후천적으로 성취되는 것이며 이러한 이해는 덕을 선천적으로 주어진 것으로 이해한 주자와도 다른 관점이다. 다산 정약용이 주장하고 싶은 것은 덕의 선천성과 후천성에 대한 논의가 아니라, 실천되지 않는 덕은 비현실적인 것으로 덕의 존재 자체가 개념화되기 어렵다는 것이다.

덕의 실천원리인 중용에 대해서도 다산 정약용은 그동안 성리학에서의 중용은 중(中)에 대해서만 개념화되었을 뿐, 용(用)에 대해서는 명확하게 해명되지 않았다고 비판한다. 인간의 내면에는 지나치거나 모자라지 않으려는 중(中)의 가치가 내재되어 있다. 이때 자주지권(自主之權)을 가진 존재로서 인간은 중(中)을 실천할지, 실천하지 않을지에 대한 선택적 행위가 요구되는 것이다. 덕은 관념으로 존재하는 것이 아니라 실천됨을 통해 비로소 덕이 된다. 이는 지행합일(知行合一)을 넘어

행(行)을 통해 지(知)를 실천하려는 실천윤리를 강조한 사상이라 볼 수 있다.

이러한 다산 정약용의 사상이 현대 교육에 주는 의의는 인간존재 간의 관계를 상·하적인 위계질서 속에서 바라보지 않았다는 것이다. 모든 존재는 존재 그 자체로 평등하다. 물론 다산 정약용이 윗사람과 아랫사람이라는 구별을 통해 윗사람에게 실천하게 되는 효(孝)와 아랫사람에게 실천하게 되는 자(慈)를 말하고 있지만, 이러한 관계에서도 법적인 강제가 아닌 윤리적인 측면에서 서로 간의 자신의 본분을 다하는 것으로 의미화하고 있다. 이는 상하 주종관계가 아닌 조화를 이루기 위한 관계라는 것이다.

지금의 교육은 교사는 교사대로 자신의 교권을 주장하며 아이는 아이대로 아동권을 주장한다. 그러한 관계에서는 서로 간의 의무만 존재할 뿐이다. 의무가 배제된 상태에서 의미 있는 관계가 맺어지기 어렵다. 오히려 서로가 서로에게 상호 윤리적인 측면에서 존재 간의 관계가 맺어질 때, 의무로의 차원을 넘어 인간과 인간으로의 인격적 만남이 가능하게 될 것이다.

이처럼 다산 정약용은 학문적 영역에 새로운 변혁을 시도하고자 하였지만 그렇다고 해서 본질 자체에 대한 해체를 통해 이전 것을 의미 없는 것으로 치부한 것은 아니다. 다산 정약용은 근본적인 측면에서 유학에 대해 성찰하였고, 그러한 과정에서 원시 유학으로 회귀하여 본질적인 차원에서 실천적 의미를 발견하고자 하였다. 이러한 과정은 현재와 과거, 그리고 미래까지도 이어져, 현상이 갖는 문제에 대한 근본적인 성찰을 가능하게 하였다.

이러한 다산 정약용의 성찰은 지금의 교육을 돌아보게 한다. 최근 한국 교육계에 혁신의 바람이 불고 있다. 그러나 혁신이라는 것조차 허무주의적인 접근은 이전 것을 전부 의미 없는 것으로 받아들이게 한다. 따라서 비판을 위한 비판이 아니라, 비판을 넘어 역사성을 통해 지금의 교육적 현상을 이해하고 반성하는 과정이 필요한 것이다.

더 나아가 다산 정약용은 천주학을 수용하는 과정에서 인간의 자주지권에 대한 자유의지를 발견해 냈다는 것이다. 지금의 교육은 각각의 학생들이 가진 자유의지를 배재한 채, 주어진 목적과 목표에 따라 수동적인 방법으로 가르친다. 그러나 먼저 교육이 살펴야 하는 것은 인간에 대한 이해일 것이다. 인간은 어떤 존재인지, 아이들이란 어떠한 존재인지에 대한 근본적인 이해로부터 교육이 실천되어야 하며, 그러한 이해는 아이들에게 내재된 자유의지를 존중하는 교육으로 나아가야 할 것이다.

2. 도가사상과 교육의 얽힘

그 당시 사상을 이해하는 관점은 동시대성을 필요로 한다. 단순히 현재적 관점에서 그때의 사상을 이해하려 한다면 본질적으로 사상가들이 말하고자 하는 의도를 간취하기 어렵다. 오래전 서양과 마찬가지로 동양은 나라 질서가 아직 확립되지 않은 상태였다. 그러한 상황에서 천하를 지배하는 기준은 힘과 힘의 작동에 의해 세워졌고, 백성들은 무질서로 인해 혼란스러운 시대를 살아가며 도탄에 빠져 허덕이고 있었다.

이러한 시대적 상황에서 천하를 회복시키고 백성들의 삶을 되찾아 주기 위해 여러 사상이 제기되는데, 대표적인 사상이 바로 유학과 도가사상이었다. 유학은 이후 관학(官學)으로서 정통적인 위치에 자리 잡았다면 도가는 반정통적인 위치에서 전개된다. 도가에서 주장되는 무(無)가 현실을 부정하려는 시도로 이해되었던 까닭이기도 하다.

현대철학에서는 무(無)의 의미가 재조명되면서 무(無)는 그저 없음을 의미하는 것이 아니라, 오히려 초월적인 측면에서 재해석되고 있다. 도가에서도 무(無)의 개념은 없음을 의미하는 것이 아니라 도(道)의 또 다른 표현이었다.

유학의 경우 왕도정치를 위한 통치자의 원리를 밝히고자 하였다면, 도가는 가치관의 혼란으로부터 벗어나기 위해 개인의 무지를 자각하는

교육과 철학의 얽힘

것을 중요하게 여겼다. 도가에서 말하는 도(道)가 인의예(人義禮)를 도(道)로 생각했던 유학과 차이를 나타내는 시점이기도 하다. 도가에서의 도(道)는 형이상학적이며 절대적인 것으로 감각적인 것을 초월하여 존재하기에 언어로는 표현될 수 없다. 그래서 다만 무(無)라고 표현되는 것이다. 도(道)는 '있는 그대로의 모습'을 본다는 것에 그 핵심이 있다. 도가에서는 이를 자연성(自然相)이라고 한다.

그렇다면 '과연 있음. 그대로의 모습이란 것이 무엇일까?' 이러한 물음은 철학적인 질문이다. 도가는 회의와 부정의 철학적 방법을 통해 의미를 얻고자 하였으며, 존재의 실상은 물화(物化)로서 드러나지만, 그때 실존적 존재 양상으로 드러나는 개념을 제물(祭物)이라 하였다.[144]

흔히 도가사상은 노장(老莊)사상이라고도 하는데, 노자와 장자의 사상을 기본으로 삼고 있기 때문이다. 노자에게 도(道)는 무위자연(無爲自然)으로 존재한다. 무위자연은 인위적이지 않으며 억지로 그러함이 없음을 의미한다. 노자의 사상을 계승한 장자에게 도(道)는 자기원인으로, 자존(自存) 하면서도 자화(自化)하는 존재였고, 그러한 의미로 도(道)는 모든 운행의 도리로서 법칙을 의미한다. 도가가 주장하는 것은 사실을 사실로써 바라보고 의미화하는 무의(無爲)론을 근거로 인간 각자가 기존의 가치체계의 굴레에서 벗어나 현실적이며 사실적인 존재로서 자기의 참된 모습을 발견함으로 천하의 질서를 새롭게 마련하는 것에 있다.[145]

노자(老子)의 사상과 교육

앞서 유학의 시조가 공자였다면, 도가의 시조는 노자(-B.C. 470)이다. 이때 노자가 실제로 존재하였는지는 불분명하다. 소크라테스의 실존이 이후 플라톤 등의 사상가에 의해 전해진 것처럼, 노자의 실존도 사마천의 사기 등, 이후 사상가들의 기록에 의한 것이기 때문이다. 따라서 구체적인 생애가 모호한 노자는 공자보다 먼저 태어났을 거라는 주장도 있고, 그렇지 않았을 거라는 주장도 있다.

노자의 사상을 이해하기 위해서는 가장 먼저 노자가 말하는 도(道)에 대한 이해가 필요하다. 만물의 근원을 도(道)로 이해한 노자에게 도(道)는 사상적 토대가 된다. 노자에게 도(道)는 무한으로 존재하며 세상보다 앞선 것으로 절대적이며 초월적인 존재이다. 세상은 태초부터 현재까지 도(道)에 의해 만들어졌으며 도(道)에 의해 다스려지고 운행된다.

도(道)의 작용은 노자의 무위(無爲)의 개념으로 이해될 수 있다. 이때 무(無)는 한자의 의미에서처럼 '아무것도-없음'을 의미하는 것은 아니다. 무한은 실재로서 존재하지만, 인간의 의식과 감각적 차원을 초월하는 존재이기에 무로써 표현된 것이다. 따라서 도(道)는 인간의 의식의 차원에서 혹은, 감각적 차원에서 이해되거나 경험될 수 없다.

무위(無爲) 역시 앞서 무(無)의 개념처럼 아무것도 하지 않음을 의미하는 것은 아니다. 무위(無爲)는 오히려 모든 것을 할 수 있음을 의미하며, 진위(眞僞)의 개념으로도 해석될 수 있다. 진위(眞僞)는 인위(人爲)

교육과 철학의 얽힘

적인 인간의 의식과 행위에서 벗어나 자연스럽게 '그저 하게 되는 것'을 의미한다. 즉 자연으로의 상태가 무위(無爲)이며 진위(眞僞)이다. 노자는 무언가 계획하고 추진함으로 성취하고자 하는 인간의 행위는 자연적인 것에 반하는 행위로 보았다. 오히려 자연의 질서를 어지럽게 한다고 본 것이다.

〈노자출관(老子出關)〉(겸재 정선, 19세기)*

---

* 그림은 겸재 정선이 그린 작품으로 노자가 유희라는 사람을 만나 도덕경을 전해 주는 모습이다. 이때 소를 타고 있는 노자의 모습은 그 시대 소를 타고 다니는 신선들의 모습을 비유한 것이다.

이때 노자가 말하는 자연은 자연 세계를 의미하는 것은 아니다. 노자는 도를 무위(無爲)로, 무위(無爲)를 자연으로 설명하는데, 자연은 물질적인 측면에서 경험할 수 있는 산과 바다, 나무와 돌멩이 등이 아니라, 초월적인 측면에서 작동하게 되는 것으로 자연적으로 저절로 이루어지는 상태를 의미한다.

이때 자연의 움직임은 계속해서 나아가고자 하는 작용만 있는 것이 아니라, 처음의 상태로 되돌아가려는 반(反)의 작용이 함께 나타난다. 예를 들어 인간은 태어나면 계속 성장하게 되는 것이 아니라, 어느 순간 늙어 감에 따라 죽음의 순간을 맞이하게 된다. 이처럼 자연은 원래의 상태로 되돌아가려는 본성이 있으며 이때 도(道)는 생성의 과정과 변화의 과정, 그리고 다시 처음으로 되돌아가려는 작용으로 이해될 수 있다.

자연으로의 의미를 중요하게 여긴 노자에게 바람직한 인간상은 성인(聖人)과 영아로 비유된다. 이때 성인은 성장한 인간을 의미하는 것이 아니라 무위(無爲)의 경지에 도달한 사람을 의미한다. 즉 인위적으로 무언가 행위 하려는 사람이 아니라, 자연 그 자체에 자신을 내맡긴 사람이다. 그러나 현실적인 차원에서 자신을 자연상태로 그저 내버려 둘 수 있는 사람은 존재하기 어렵다. 따라서 노자는 바람직한 인간상으로 영아를 언급하고 있다. 영아는 인간의 이성과 경험에 의한 가치판단과 이기심에서 벗어나 자연으로의 삶을 살아가는 존재이기 때문이다.

노자가 교육적 입장에서 자신의 이론을 설명하고 있지는 않지만, 이러한 노자의 사상을 교육과 연결해 이해한다면 자연으로의 삶을 중요하게 여긴 노자에게 인간의 인위적인 교육적 행위는 그 자체로 비판의 대상이 될 것이다. 그런데도 노자의 사상을 통해 교육적 의미를 발견한다면 교육은 인위적인 교육적 행위에서 벗어나 자연 그 자체에 내맡김이 중요할 것이다.

자연적 존재인 아이들은 교사의 의식과 감각을 넘어서기에, 교사의 교육적 행위는 오히려 아이들의 초월성을 제한하는 결과로 나타날 수 있다. 그러기에 교사는 교육적 행위자가 아닌, 교사 자신도 자연적 존재로서 아이들을 자연스럽게 성장할 수 있도록 자연에 내맡겨야 할 것이다. 이때 비로소 무위자연(無爲自然)으로의 조화로운 사회가 구현될 수 있다.

노자는 무언가 채우려고 하는 인위적인 마음을 비우고(허, 虛) 움직이려는 행위 역시 금할 것(정, 靜)을 강조한다. 인간의 의식에서 나타나는 선에 대한 생각과 악에 대한 생각조차 인간의 주관적인 사유의 결과이지 자연 그 자체의 의미가 아니라고 보았다. 자연적인 상태에서의 세상은 선악으로 존재하지 않는다. 또한, 감각적인 차원에서 경험하게 되는 것은 경험의 상대성으로 인해 참된 진리가 될 수 없다. 예를 들어 바다의 색을 파란색, 혹은 하늘색이라고 하였을 때, 바다가 보여주는 여러 색이 그저 파란색과 하늘색으로만 보이게 한다는 것이다. 어떠한 색에 대한 경험과 인위적인 인식은 색에 대한 참된 의미를 잃어버리게 한다.

따라서 교육이라는 것을 한다면, 이때의 교육은 이성과 감각을 통해 무언가를 배우려는 과정이 아니라, 자연(도, 道)으로 복귀하려는 과정이어야 한다. 이를 위해서는 끊임없이 알고자 하려는 접근에서 벗어나 자신의 무지(無智)*를 아는 것이 중요하다. 이는 안다는 것 자체에 대한 부정을 의미한다. 노자가 보기에 인위적이며 작위적인 앎은 진정한 앎이 아니라고 보았다. 진정한 앎의 과정은 자연으로 되돌아가, 무엇이 도(道)에 합당한지를 아는 것이다. 따라서 교육은 무언가를 아는 것에 있는 것이 아니라, 무언가를 깨닫는 것에 있다. 지행합일(知行合一)에 대해서도 앎과 삶의 일치는, 인위적인 노력의 결과가 아니라 도(道)에 대한 깨달음을 통해 자연스럽게 나타나는 것(행함)이다.

이러한 노자의 사상이 현대교육에 주는 의의는 '오히려 가르치지 않는 것이 가르치는 것이다'라는 이해에서 가르침을 교육의 주로 여겼던 지금의 교사들에게 교육을 다시 묻게 한다. 지금의 교육은 학습자 중심의 교육에 대해서도 이론적 측면에서 혹은 경험적 측면에서 명증한 것으로의 지식을 아이들에게 전달하는 과정으로 이해된다. 그러나 이러한 접근은 작위적인 접근이라는 것이다. 교육은 아이들이 자연적인 상태에서 자연인으로 살아갈 수 있도록 내버려 둘 필요가 있다.

또한, 노자의 사상은 아이라는 존재를 어떻게 바라보아야 하는가에 대한 시사점을 준다. 오히려 바람직한 인간상을 영아라고 말하는 노자

---

* 무지에 대한 자각이라고 하였을 때 서양의 소크라테스가 떠오른다. 소크라테스의 철학적 탐구과정은 무지를 자각함으로 본질적 앎을 발견하는 것에 있었다. 그러나 노자의 사상은 무지 그 자체에 의미가 있다. 결국에는 인위적일 수밖에 없는 앎을 향해 있지 않다.

의 사상은 성인인 교사보다 영아를 위계적인 질서 속에 우위에 위치시
켰다. 그리고 교사들로 하여금 영아들의 삶을 통해 자연으로의 삶이 어
떠한 삶인지 배워야 한다고 하였다. 이는 단순히 아동 중심 교육을 말
하려는 것이 아니다. 노자에게 자연으로의 모든 존재는 평등하다. 이는
각각의 존재는 존재 그 자체로 의미가 있음을 의미한다. 이러한 접근에
서 교사 역시 가르치는 존재가 아닌 자연으로서 인간 본성의 삶을 살아
가려는 존재 그 자체의 의미를 회복시켜야 할 것이다. 반면 노자의 사상
에서 나타나는 한계에 대해서는 장자의 사상과 함께 살펴보고자 한다.

장자(莊子)의 사상과 교육

앞서 노자처럼 장자(대략 B.C. 360
-310)의 생애도 불명확하다. 사마천
의 사기 등, 장자의 생애에 대해서는
이후 사상가들이 남긴 기록을 통해
살펴볼 뿐이다. 노자와 함께 장자는
도(道)를 그의 사상적 토대로 삼았
다. 도(道)는 자연으로 이해될 수 있
으며, 자연은 무위자연(無爲自然)의
개념을 통해 살펴볼 수 있는 것처럼

고신도상(高臣圖像)〈장자(莊子)〉〈필자미상〉

저절로 그렇게 되는 것으로서 어떠한 의지나 목적 없이 그 자체가 그 자

체로 작동하게 되는 것을 말한다.

　노자와 더불어 장자 역시 세상은 도(道)에 의해 만들어졌으며, 도(道)
에 의해 작동된다고 보았다. 다만 그러한 과정은 초월적이기에 인간의
인위적인 사유나 경험으로는 이해될 수 없는 차원으로 존재한다. 따라
서 인간의 삶은 무위(無爲)로서 살아가는 삶, 즉 자연스러운 순리에 따
르는 삶이야말로 진정한 삶인 것이다. 마음을 비우며, 작위적인 행위를
멈춤으로 자신을 자연의 순리에 내맡길 때 비로소 자연적인 상태로 살
아갈 수 있게 된다.

　장자는 유학과 대립적인 측면에서 도가를 설명하곤 하였는데, 유학
에서 말하는 인의예지(仁義禮智)는 인위적이며 작위적인 것으로 그 자
체로 본질로 이해될 수 없다고 보았다. 인간을 선한 존재로 이해한 맹자
나, 인간을 악한 존재로 이해한 순자의 경우라도 유학에서 말하는 옳고
그름에 대한 선악(善惡)과 미추(美醜) 등, 그러한 기준은 그저 인간의
주관일 뿐, 논의의 대상조차 될 수 없다고 본 것이다.

　장자는 인간의 의식이 갖는 상대성은 오히려 진리를 변질시킨다고 보
았다. 보편적으로 인간을 선한 존재로 바라본 유학은 인간 본성에 대한
절대적인 믿음을 토대로 하였으며, 선한 존재를 향한 믿음은 인위적인
생각이나 행위에 대해서도 긍정적인 측면이 내재되어 있다. 그러나 이
러한 접근에 대해 장자는 인간중심의 사유라 비판한다. 장자는 인간을
여타의 동물들과 구별하기보다 이상적인 사회로서 자연공동체를 언급
한다. 자연으로서 각각의 존재가 동물은 동물대로, 인간은 인간대로 자

신의 본성에 따라 살아가는 삶을 이상적으로 본 것이다. 따라서 위계적인 질서 속에 인간존재를 우월한 존재로 인식하기보다 자연과 차별될 수 없는 존재로서 인간은 자연적인 본성에 따른 삶을 살아야 한다고 보았다.

인간과 동물을 구분하지 않는 장자의 사상은 군자와 소인, 더 나아가 어른과 아이 등에 대한 구분조차 의미 없음을 의미한다. 더 나아가 장자는 구분하는 것[分]과 구분하지 않는 것[不分]조차 벗어나야 한다고 보았다. 다만 자연과 인간이라는 모든 만물은 자연이라는 하나의 존재로 존재할 뿐이다(천일합일, 天一合一). 장자에게 인간과 만물은 그 자체로 소우주이다. 따라서 너와 나, 내 것과 네 것의 구분하려는 시도조차 무의미(無所不在)하다.

장자에게 이상적인 인간상은 진인(眞人)이다. 진인은 모든 만물(존재자)과 더불어 살아가는 존재로서 자연의 순수성을 유지한 존재이다. 진인은 세속적인 틀에서 벗어나 초월적인 정신세계를 가진 존재이며, 자연적 본성에 따르는 덕(德)의 상태로서 존재한다. 이때 덕(德)은 인간 본성의 회복을 의미한다. 장자는 동물을 예를 들어, 오리의 다리가 짧다고 해서 다리를 늘리려 한다면 근심이 될 것이며, 학의 다리가 길다고 해서 다리를 잘라 버리면 아픔이 된다고 하였다. 따라서 본래 타고난 것을 자르거나 짧은 것을 늘려 주기보다 자기 본성대로 살아가도록 해야 한다는 것이다.

이러한 장자의 사상이 현대교육에 주는 의의는 교육은 아동 중심이라는 자기중심적인 접근에서 벗어나, 존재를 존재대로 동등한 위치에서 바라보게 한다. 이는 교사와 아이들과의 관계를 넘어 인간과 자연, 남자와 여자, 장애인과 비장애인과의 관계 등에 대해서도 마찬가지이다. 이기적인 측면에서 자신을 우월한 존재로 바라보기보다 자연으로의 본성 그 자체에 대한 존중을 통해 평등한 관계에서 세상을 바라볼 필요가 있다.

또한, 장자는 인간의 자연성인 본성을 회복해야 한다고 보았다. 본성의 회복을 위한 교육은 그동안 교육학적 측면에서 인간이 이루어 놓은 학문적 접근으로 교육을 실천하기보다, 각각의 아이들이 자기 존재 대로의 삶을 누리게 하는 데 있다. 윤리적인 삶조차, 이미 설정된 도덕적인 규범에 따르는 삶이었다. 이는 인위적이며 수동적인 삶인 것이다. 인간 본성의 자유로움을 느끼며 본연의 삶을 살아갈 때, 그러한 삶이 도덕적인 삶일 것이다.

그러나 인간이라는 존재는 노자와 장자가 주장하는 것처럼 자연으로 존재하면서도, 끊임없이 인위적으로 세상을 이해하려는 존재이다. 인간에게 인위적인 행함은 자연적이지 않은 것이 아니라, 그 또한 자연적이다. 인간은 자연적 본성인 창조성을 통해 세상에 의미를 부여하며, 그러한 가운데 자신이 살아 있음을, 자신이 세상에 의미 있는 존재임을 발견하는 존재이기 때문이다. 이는 인간이 여타의 자연 세계와 구별될 수밖에 없는 차이이기도 하다.

물론 노자와 장자가 말하는 자연은 이러한 물질적인 차원을 초월한다. 그러나 인위적인 측면에서 자연을 이해할 수밖에 없는 노자와 장자 역시, 이러한 차이가 배재된 채 그저 식물과 동물 등의 자연과 동일한 차원에서 인간을 이해하려는 접근은, 인간 본성의 전체가 아닌 부분에 대한 이해라는 한계를 갖는다.

3. 불교사상과 교육의 얽힘

동양의 사상은 크게 3가지로 범주화된다. 유학(儒學)과 도가(道家) 불교(佛敎)이다. 이들 사상은 동양인들의 삶 속에 깊이 파고들어 현재까지도 삶에 깊숙이 영향을 미치고 있다. 앞서 살펴본 것처럼 인(仁)의 사상을 핵심으로 한 유학의 경우, 현실적(세속적) 삶에 대한 고민을 갖고 있었고, 인간의 삶과 부딪치며 성리학, 실학으로 학문적 입장을 변화시켜 나아갔다. 도(道)를 사상적 핵심으로 본 도가는 유학 사상을 인위적인 삶이라 비판하며, 자연에 자신을 내맡기는 삶을 중요하게 보았다.

그리고 마지막으로 살펴볼 불교는 고(苦)를 기본 사상으로 석가모니(釋迦牟尼)의 사상을 토대로 세워진 사상이다. 그러나 사실 불교는 하나의 학문으로 보기보다 종교에 더 가깝다. 그런데도 불교를 교육철학에 포함시킨 것은 불교의 사상이 동양인의 의식과 삶 속에 영향을 미치고 있기 때문이다.

불교에서 말하는 고(苦)는 한자의 의미 그대로 고통이며 괴로움을 의미한다. 불교에서는 인간의 출생과 늙어 감, 그리고 병듦과 죽음(생로병사, 生老病死)의 과정 등, 인간이 경험하게 되는 모든 것을 고통으로 이해하였다(일체개고, 一切皆苦). 그러나 이때의 고통이 부정적인 측면을 의미하는 것은 아니다. 피할 수 있는 고통이거나 피해야만 하는 고통이 아니라, 그저 자신의 것으로 받아들여야 하는 고통이기 때문이다.

불교에서는 인과관계를 중요하게 여기는데, 이러한 사고를 연기(緣起)라고 한다. 인간의 고통에 대해서도 원인이 있다고 본 것이다. 원인에는 직접적인 원인(인, 因)과 간접적인 원인(연, 緣)이 있다. 모든 현상은 우연을 통해 나타날 수 없으며, 원인(인연, 因緣)에 의해 나타난다고 보았다. 따라서 인간의 삶은 서로가 서로에게 조건이 되며 원인이 되는 관계로 맺어지는 것이다.

불교에서는 제행무상(諸行無常), 제법무아(諸法無我), 열반적정(涅槃寂靜)을 근본 교의로 삼는데, 제행무상(諸行無常)은 모든 현상은 변화한다는 것을 뜻한다. 고정되어 존재하는 것은 없으며, 순간의 의미조차 변화된다. 제법무아(諸法無我)는 무아성(無我成)을 의미하며, '나'라는 실체의 무(無)를 뜻한다. 실체(본질)라는 것은 인간의 의식과 경험으로는 알 수 없는 차원으로 존재한다. 따라서 '나의 없음' 혹은 '나의 아님'이라는 의미는 단순히 자기 존재에 대한 부정이나 긍정을 의미하는 것이 아니라, 실체에 대한 의미가 이해될 수 없음을 뜻한다. 열반적정(涅槃寂靜)은 고통의 불을 끄는 것을 의미한다. 불교에서 고통[苦]은 피할 수 있는 것이 아니라 극복해야만 하는 것이다. 인간의 삶에서 고통은 불가피하기 때문이다. 불교에서는 그러한 극복을 위해 깨달음과 수행의 과정이 필요하다고 보았다. 여기서 깨달음은 고통을 느끼게 하는 원인을 이해하는 과정이며, 수행은 인간의 육체적, 정신적 쾌락에서 벗어나기 위한 과정이다. 불교에서 인간의 욕망은 제거해야만 하는 것이다. 이는 인간의 욕망 자체를 부정하는 것이 아니라, 그러한 욕망 자체가 무의미하기 때문이다. 불교에서는 깨달음과 수행의 과정을 거쳐 인간은 비로소 열반에 이를 수 있다고 보았다. 이때 열반은 생전에 자신의 부정함을 벗어 이르게 되는 것(잠시멸, 暫時滅)과 그렇게 깨달음을 얻은 사람이 죽음을 통해 이르게 되는 열반(구경멸, 究竟滅)으로 구분된다. 이처럼 불교사상은 이상적인 세계를 향해 삶의 방향이 설정되고 있음을 살펴볼 수 있다.

불교의 사상이 현대교육에 주는 의의를 살펴보면, 지금의 교육은 현실적인 측면에서 삶에서 필요하다고 판단된 지식을 어떻게 하면 효과적으로 전달할 수 있을까에 대한 고민이었다. 그러나 깨달음이라는 것은 누군가가 깨닫게 하였다고 얻게 되는 것이 아니다. 아이들 스스로 내면으로부터 나타나는 것이다. 지금의 교육이 지식의 전달이 아니라 깨달음의 과정으로 이해된다면, 나타나는 결과보다 아이들의 내면의 상태에 귀를 기울이게 될 것이다.

또한, 불교에서 중요하게 여기는 인연에 대해서도 교육이라는 것은 혼자서 할 수 있는 것이 아니다. 세상과 연결됨을 통해 깨닫게 되는 과정이기 때문이다. 그러나 이때의 연결됨이 깨달음으로 나타나기 위해서는 마주침의 순간이 필요하다. 즉 마음에서 마음으로 전해지는 이심전심(以心傳心)의 관계가 요구되는 것이다. 더 나아가 불교에서 말하는 줄탁동시(啐啄同時)의 의미처럼 병아리가 알을 깨고 나오기 위해서는 병아리와 어미 닭이 함께 안과 밖에서 알을 쪼아 주어야 하는 것처럼,

아이들이 세상에 나오는 과정은 자주적 인간으로서 스스로 세상에 나오려는 의지와 노력도 필요하지만, 이때 교사의 역할도 매우 중요하다는 것을 시사한다.

그러나 불교적 이상을 추구하려는 접근은 삶을 그 자체로 고통으로 의미화하는 과정에서, 아이들의 실재적 삶이 갖는 의미가 그저 열반을 위해 극복하고 넘어서야 하는 과정으로 수단화된다는 한계를 갖는다.

미주

1 신창원 · 장지원(2012). 『동양교육 사상사』. 고양시: 서현사. 9

2 박의수 · 강승규 · 정영수 · 강선보(2002). 『교육의 역사와 철학』. 서울: 동문사.

3 Arendt. H.(2006). 『예루살렘의 아이히만: 악의 평범성에 대한 보고시』. 서울: 한길사.

4 Dewey. J.(2001). 『경험과 교육』. 엄태동 역. 서울: 원미사.

5 Gutek, Gerald L.(1988). *Philosophical and ideologiogical perspectives on education.* Englewood Cliffs: Prentice Hall.

6 한국교육철학회(2017). 『교육과 지식』. 서울: 학지사.

7 양미경(2002). 「교육과정의 성격에 대한 구성주의 관점의 시사」. 교육과정연구, 20(1), 1-26.

8 한국교육철학회(2017). 위의 책.

9 김정환 · 강선보 · 신창호(2014). 『교육철학』. 서울: 박영story, 100.

10 Marías. J.(2016). 『철학으로서의 철학사』. 서울: 유유, 146

11 Marías. J.(2016). 위의 책.

12 김정환(1987). 『교육철학』. 서울: 박영사.

13 박대원(2019). 「로티에게서 자연주의에 대한 인문주의적 해석과 그 함의」. 철학연구, 15(-), 135-156.

14 한상기(2015). 「자연주의적 오류와 자연화된 인식론」. 범한철학, 79(4), 493-516.

15 Quine, W. V.(1986). *Reply to Morton White.* The Philosophy of W. V.

Quine, La Salle: Open Court.

16 한상기(2015). 위의 책.

17 박의수·강승규·정영수·강선보(2002). 위의 책.

18 심승환(2007). 「프래그머티즘의 시각에서 본 배움의 의미」 교육문제연구, 28(-), 49-81.

19 Dewey. J. (1939). *Theory of Valuation*. Chicago: University of Chicago Press. 15.

20 신승환(2007). 위의 책.

21 Heidegger. M. (2008). 『예술작품의 근원』 신상희 역. 서울: 숲길. (원본발간일 1950년). 45.

22 Schapiro. M. (1994). *Theory and Philosophy of Art: Style, Artist, and Society*. George Braziller, New York. 136.

23 Derrida. J. (1987). Restitutions of the Truth in Pointing. The Truth in Painting, University of Chicago Press.

24 Buber. M. (2009). 『인간의 문제』 윤석빈 역. 서울: 도서출판 길. (원본발간일 1947년)

25 정대현·이현정(2019). 「마르틴 부버의 관점에서 바라본 숲의 교육적 의미」 문화예술교육, 15(3), 93-112.

26 강시구·이상현(2003). 「실존주의 교육에서의 교사의 역할에 관한 연구」 교육사상연구, 13(-), 1-14.

27 Bollnow. O. F. (1977). *Existenzphilosophie und Pädagogik*. Funfte Auflage, Stuttgart: kohlhammer. S. 1 6f.

28 최동희·김영철·신일철(1985). 『철학』 서울: 일신사.

29 Wittgenstein, L. (1972). *Tractatus Logico-Philosophicus.* Routledge & Kegan Paul.

30 박병준(2011). 「분석철학과 그리스도교 철학」, 서강대학교 철학연구소 학술대회지, 3, 1-16.

31 한국프랑스철학회(2015). 위의 책.

32 소두영(1984). 『구조주의』 서울: 민음사.

33 Sarup, M. (2001). 『신교육 사회학론: 구조주의 교육사회학의 전망과 과제』. 한준상 역. 서울: 한국학술정보.

34 Plato. (2016). 『프로타고라스』 최현 역. 서울: 범우사.

35 Skirbekk, G. & Gilje, N. (2017). 『서양철학사』. 윤형식 역. 서울: 이학사. 76.

36 Plato. (2003). 『소크라테스의 변론: 플라톤의 네 대화 편』. 박종현 역. 파주시: 서광사. 176.

37 Plato(2003). 위의 책. 160.

38 Plato. (2014). 『국가론: 이상국가를 찾아가는 끝없는 여정』. 이환 역. 서울: 돋을새김.

39 Skirbekk, G. & Gilje, N. (2017). 위의 책. 112-114.

40 Marías, J. (2016). 위의 책.

41 Skirbekk, G. & Gilje, N. (2017). 위의 책. 247

42 Descartes, R. (2019). 『방법서설』 이현복 역. 서울: 문예출판사.

43 Marías, J. (2016). 위의 책.

44 Locke, J. (2009). 『인간오성론』 이재한 역. 서울: 다락원.

45 권재일(1990). 「근대교육의 선구자 코메니우스의 사상과 그 영향」 한국외

대논문집, 23(-), 375.

46 Reble. A. (2002). 『서양교육사』. 정영근 외 역. 서울: 문음사.

47 Blättner. A. (1973). *Geschichte der pädagogik*. Hsidrlberg: Quelle & Meyer.

48 박의수·강승규·정영수·강선보(2002). 위의 책.

49 Skirbekk. G. & Gilje. N. (2017). 위의 책. 558.

50 안인희(1990). 『루소의 교육론-에밀』. 서울: 양서원. 64.

51 Rousseau. J. J. (1983). 『에밀』. 강인성 역. 서울: 한국출판문화공사. 35.

52 Rousseau. J. J. (1983). 위의 책. 163.

53 장상호(2017). 『학문과 교육: 교육이란 무엇인가 - 중』. 서울: 서울대학교출판문화원.

54 Rousseau. J. J. (1983). 위의 책. 31.

55 Rousseau. J. J. (1983). 위의 책. 81.

56 Kant. I. (2018). 『교육학』. 백종현 역. 파주시: 아카넷. 32.

57 Kant. I. (2018). 위의 책. 18.

58 Skirbekk. G. & Gilje. N. (2017). 위의 책.

59 Hegel. G, W. (2008). 『법철학』. 임석진 역. 서울: 한길사.

60 Kurtz. (1895). *The German Struggle for Liberty*. Harper's Weekly, 91(7), 209.

61 박의수·강승규·정영수·강선보(2002). 위의 책.

62 김정환(1975). 위의 책. 62-64.

63 Pestalozzi, J. H. (2000). 『숨은 이의 저녁노을』. 김정환 역. 서울: 박영사. 3.

64 박영근(2000). 「페스탈로찌의 사회교육 이념이 현대교육에 미친 영향」. 교육철학, 18(-), 111-128.

65 박의수 · 강승규 · 정영수 · 강선보(2002). 위의 책.

66 김성길(2011). 「페스탈로치 교육사상과 평생교육에의 함의」, 한국성인교육학회, 14(1), 71-90.

67 Froebel. F. (2005). 『인간교육』, 서석남 역. 서울: S.F.M. 연구소 출판부.

68 박의수 · 강승규 · 정영수 · 강선보(2002). 위의 책.

69 Froebel, F. (2005). 위의 책.

70 Schmutzler. H. (2001). 『프뢰벨과 몬테소리』, 곽노의 · 이명환 공역. 서울: 밝은누리. 116-117.

71 Fleetwood. B. (2015. 5. 7). The 12 Things Sigmund Freud Got Right. HUFFPOST. https://www.huffpost.com/entry/the-12-things-sigmun-fre_b_7225976?utm_hp_ref=science/에서 2020년 9월 4일 인출.

72 Skirbekk. G. & Gilje. N. (2017). 위의 책. 76.

73 Freud. S. (2010). 『정신분석학 개요』, 박성수 · 한승완 공역. 경기: 열린책들. 170.

74 황윤경(2007). 「몬테소리 교육사상의 현대적 의의」, 부모교육연구, 14(1), 61-85.

75 Robinson. J. (2014. 7. 18). Extraordinary woman: Maria Montessori. kpbs. https://www.kpbs.org/news/2014/jul/16/extraordinary-women-maria-montessori/에서 2020년 9월 4일 인출.

76 Montessor. M. (1967). *The Discovery of the Child*. Trans. M. Joseph Costelloe, S. J. New York: Fides Publishers. Inc

77 이선옥(2006), 「행동주의 심리학과 몬테소리 발달이론: 미국을 중심으로」, 한국일본교육학연구, 11(1), 145-161.

78   Montessori, M. (1967). 위의 책.

79   장상호(2017). 위의 책.

80   안익희(1994). 『현대 교육고전의 이해』. 서울: 이화여자대학교.

81   Dewey, J. (2008). *The Meaning of Value*. The Middle Works, 1899-1924. Vol. 2. Ed. Jo Ann Boydston. Carbondale. Ill.: Southern Illinois University Press. 266.

82   Deway. J. (1916). *Democracy and Education*. New York: The free press. 89.

83   Deway. J. (1916). 위의 책. 123.

84   장상호(2017). 『학문과 교육: 교육이란 무엇인가 - 중』. 서울: 서울대학교출판문화원.

85   Dewey. J. (2010). 『철학의 재구성』. 이유선 역. 서울: 아카넷.

86   은은숙(2013). 「라캉과 피아제 주체 개념의 교육철학적 함의」. 철학논총, 74(4), 407-430.

87   Singer, D. G. & Revenson, T. A. (1997). *A Piaget primer: how a child thinks*. Intl Universities Press. 25.

88   Teixeira, H. (2015. 12. 08). Teoria do Desenvolvimento Cognitivo de Jean Piaget. IHT. http://www.helioteixeira.org/ciencias-da-aprendizagem/teoria-do-desenvolvimento-cognitivo-de-jean-piaget/에서 2020년 9월 4일 인출.

89   Singer, D. G. & Revenson, T. A. (1997). 위의 책. 25.

90   장상호(2017). 위의 책.

91   Singer, D. G. & Revenson, T. A. (1997). 위의 책. 31-58.

92   Singer, D. G. & Revenson, T. A. (1997). 위의 책.

93   Wertsch. J. V. (1995). 『비고츠키』. 신건호 역. 서울: 정민사.

94   Lev Vygotsky Image Gallery. https://www.marxists.org/archive/vy-gotsky/images/index.htm/에서 2020년 9월 4일 인출.

95   김지연(2014). 「비고츠키 손상학이 가치교육에 주는 시사점」 인구교육, 7(-), 1-36.

96   Vygotsky. J. V.(2001). 위의 책.

97   장상호(2017). 위의 책.

98   Vygotsky. J. V.(2001). 위의 책.

99   Wertsch. J. V.(1995). 『비고츠키: 마음의 사회적 형성』 한양대사회인지발달연구모임 역. 서울: 정민사.

100   Cocosse journal(2016). http://www.cocosse-journal.org/2016/07/be-ing-is-time-martin-heidegger-1889-1976.html/에서 2020년 9월 4일 인출.

101   Heidegger, M.(2000). *Introduction to Metaphysics*. trans. G. Fried & R. Polt. New Haven. Yale University Press. 20.

102   Heidegger. M.(2001a). *Being and Time*. trans. J. Macquarrie & E. Robinson. Oxford. Blackwell. 87.

103   Heidegger. M.(2001a). 위의 책. 98.

104   Marías. J.(2016). 위의 책. 689.

105   Heidegger. M.(2001b). *The Fundamental Concepts of Metaphysics: World, Finitude, Solitude*. trans. W. McNeill & N. Walker. Bloomington & Indianapolis. Indiana University Press. 177.

106   Heidegger. M.(1968). *What is Called Thinking?*. trans. J. G. Gray. New York. Harper & Row. 14.

107   Heidegger. M.(1968). 위의 책. 15.

108   윤효녕·윤평중·윤혜준·정문영(2017). 위의 책.

109 Heitger, M. (1991). *Das Ende des Subjekts?*. In: Vierteljahrschrift für wissenschaftliche Pädagogik, 61, 401-419.

Ludwig, H. W. (2000). *Einwirkung als unverzichtbares Konzept jeglichen erzieherischen*. Handelns. In: Zeitschrift für Pädagogik, 46, 585-600.

110 이현정(2021). 존재를 위한다는 두려움: 유아와 교사의 비관계적 관계의미에 대한 레비나스식 성찰. 유아교육연구, 41(5), 57-72.

111 한국프랑스철학회(2015). 위의 책. 394.

112 Hypothses(2015. 5. 22). la conférence de heidelberg(1988). https://arcs.hypotheses.org/583/heidelberg88-10/에서 2020년 9월 4일 인출.

113 Levinas, E. (2003). 『존재에서 존재자로』 서동욱 역. 서울: 그린비.

114 이현정(2021). 위의 논문.

115 Derrida. J. (1997). *Adieu: À Emmanuel Lévinas*. Galilée. 68.

116 김애령(2020). 『듣기의 윤리: 주체와 타자, 그리고 정의와 환대에 대하여』. 서울: 봄날의 박씨.

117 Derrida. J. (2004). 『법의 힘』. 진태원 역. 서울: 문학과 지성사. 47.

118 김재인(2018). 1968년 50주년 - 철학, 혁명을 말하다. steemit. https://steemit.com/kr/@armdown/1968-50/에서 2020년 9월 4일 인출.

119 한국프랑스철학회(2015). 위의 책.

120 Gregg. M. & Seigworth, G. J. (2015). 『정동이론』. 최성희 · 김지영 · 박혜정 공역. 서울: 갈무리. 17.

121 Deleuze. G. (2004). 『차이와 반복』. 김상환 역. 서울: 민음사. 83.

122 Gregg. M. & Seigworth, G. J. (2015). 위의 책. 14-15.

123 정대현 · 이현정(2020b). 「힘의 마주침을 통해 드러난 유아의 존재의미」. 문

화예술교육연구, 15(2), 13-134.

124 김정효(2016). 바디우 '철학 여정' 세심하게 좋은 명료한 해설서. 한겨레. https://www.hani.co.kr/arti/PRINT/757383.html/에서 2020년 9월 4일 인출.

125 서용순(2011). 「바디우 철학에서의 존재, 진리, 주체:『존재와 사건』을 중심으로」. 서강대학교 철학연구소 철학논집, 27(-), 79-116.

126 Badiou. A. (2008). 『사도바울』. 서울: 새물결.

127 Badiou. A. (2014). 『존재와 사건』. 서울: 새물결.

128 신창원 · 장지원(2012). 『동양교육 사상사』. 고양시: 서현사. 9.

129 신창호(2011). 『유교 사서의 배움론』. 고양: 온고지신.

130 司馬遷(2021). 『신주 사마천 사기』. 한가람역사문화연구소 사기연구 역. 서울: 한가람역사문화연구소.

131 孔子(2020). 『논어』. 오세진 역. 서울: 홍익.

132 孟子(2020). 『맹자』. 최상용 역. 서울: 일상과이상.

133 조현규(2009). 『동양교육사상』. 서울: 학지사. 61.

134 朱熹(2021). 『소학』. 임동석 역. 서울: 올재클래식스.

135 王守仁(2010). 『전습록』. 김동희 역. 서울: 신원문화사.

136 왕양명(2010). 위의 책.

137 조현규(2009). 위의 책.

138 이황(2021). 『성학십도』. 이광호 역. 서울: 홍익출판미지어그룹.

139 정순목(1990). 『퇴계의 교육철학』. 파주시: 지식산업사. 125.

140 조현규(2009). 위의 책.

141 이이(2007). 『성학집요』. 김태완 역. 서울: 청어람미디어.

142 조현규(2009). 위의 책.

143 정약용 · 다산학술문화재단(2013). 『정본 여유당전서』. 서울: 사암.

144 송항룡(2012). 『노자를 이렇게 읽었다』. 서울: 사람의무늬.

145 김학주(1988). 『노자와 도가사상』. 서울: 명문당.

참고문헌

강시구·이상현(2003). 「실존주의 교육에서의 교사의 역할에 관한 연구」. 교육사
　　상연구, 13(-), 1-14.

권재일(1990). 「근대교육의 선구자 코메니우스의 사상과 그 영향」. 한국외대논문
　　집, 23(-), 375.

김성길(2011). 「페스탈로치 교육사상과 평생교육에의 함의」. 한국성인교육학회,
　　14(1), 71-90.

김애령(2020). 『듣기의 윤리: 주체와 타자, 그리고 정의와 환대에 대하여』. 서울:
　　봄날의 박씨.

김정효(2016). 바디우 '철학 여정' 세심하게 좇은 명료한 해설서. 한겨레. https://
　　www.hani.co.kr/arti/PRINT/757383.html/에서 2020년 9월 4일 인출.

김재인(2018). 1968년 50주년 - 철학, 혁명을 말하다. steemit. https://steemit.
　　com/kr/@armdown/1968-50/에서 2020년 9월 4일 인출.

김정환(1987). 『교육철학』. 서울: 박영사.

김정환·강선보·신창호(2014). 『교육철학』. 서울: 박영story.

김지연(2014). 「비고츠키 손상학이 가치교육에 주는 시사점」. 인구교육, 7(-),
　　1-36.

김학주(1988). 『노자와 도가사상』. 서울: 명문당.

박대원(2019). 「로티에게서 자연주의에 대한 인문주의적 해석과 그 함의」. 철학
　　연구, 15(-), 135-156.

박병준(2011). 「분석철학과 그리스도교 철학」. 서강대학교 철학연구소 학술대회

지, 3, 1-16.

박영근(2000). 「페스탈로찌의 사회교육 이념이 현대교육에 미친 영향」. 교육철학, 18(-), 111-128.

박의수·강승규·정영수·강선보(2002). 『교육의 역사와 철학』. 서울: 동문사.

서용순(2011). 「바디우 철학에서의 존재, 진리, 주체: 『존재와 사건』을 중심으로」. 서강대학교 철학연구소 철학논집, 27(-), 79-116.

소두영(1984). 『구조주의』. 서울: 민음사.

송항룡(2012). 『노자를 이렇게 읽었다』. 서울: 사람의무늬.

신창원·장지원(2012). 『동양교육 사상사』. 고양시: 서현사.

신창호(2011). 『유교사서의 배움론』. 고양: 온고지신.

심승환(2007). 「프래그머티즘의 시각에서 본 배움의 의미」. 교육문제연구, 28(-), 49-81.

안인희(1990). 『루소의 교육론-에밀』. 서울: 양서원.

안인희(1994). 『현대 교육고전의 이해』. 서울: 이화여자대학교.

양미경(2002). 「교육과정의 성격에 대한 구성주의 관점의 시사」. 교육과정연구, 20(1), 1-26.

윤효녕·윤평중·윤혜준·정문영(2017). 『주체 개념의 비판』. 서울: 서울대학교출판문화원.

은은숙(2013). 「라캉과 피아제 주체 개념의 교육철학적 함의」. 철학논총, 74(4), 407-430.

이선옥(2006). 「행동주의 심리학과 몬테소라 발달이론: 미국을 중심으로」. 한국일본교육학연구, 11(1), 145-161.

이이(2007). 『성학집요』. 김태완 역. 서울: 청어람미디어.

이현정(2021). 「존재를 위한다는 두려움: 유아와 교사의 비관계적 관계의미에 대한 레비나스식 성찰」. 유아교육연구, 41(5), 57-72

이황(2021). 『성학십도』. 이광호 역. 서울: 홍익출판미지어그룹.

장상호(2017). 『학문과 교육: 교육이란 무엇인가 - 중』. 서울: 서울대학교출판문화원.

정대현(2017). 『학습본능 숲에서 놀다』. 광주: 이책사.

정대현·이현정(2020a). 「마르틴 부버의 관점에서 바라본 숲의 교육적 의미」. 문화교육연구, 15(3), 93-112.

정대현·이현정(2020b). 「힘의 마주침을 통해 드러난 유아의 존재의미」. 문화교육연구, 15(2), 13-134.

정순목(1990). 『퇴계의 교육철학』. 파주: 지식산업사.

정약용·다산학술문화재단(2013). 『정본 여유당전서』. 서울: 사암.

조현규(2009). 『동양교육사상』. 서울: 학지사.

최동희·김영철·신일철(1985). 『철학』. 서울: 일신사.

한국교육철학회(2017). 『교육과 지식』. 서울: 학지사.

한상기(2015). 「자연주의적 오류와 자연화된 인식론」. 범한철학, 79(4), 493-516.

황윤경(2007). 「몬테소리 교육사상의 현대적 의의」. 부모교육연구, 14(1), 61-85.

孔子(2020). 『논어』. 오세진 역. 서울: 홍익.

孟子(2020). 『맹자』. 최상용 역. 서울: 일상과이상.

司馬遷(2021). 『신주 사마천 사기』. 한가람역사문화연구소 사기연구 역. 서울: 한가람역사문화연구소.

王陽明(2010). 『전습록』. 김동희 역. 서울: 신원문화사.

朱子(2021). 『소학』. 임동석 역. 서울: 올재클래식스.

Arendt, H. (2006). 『예루살렘의 아이히만: 악의 평범성에 대한 보고서[*Eichmann*

in Jerusalem]』. 김선욱 역. 서울: 한길사. (원본발간일 1963년)

Badiou. A. (2008). 『사도바울[*Saint Paul: la Fondation de l'Universalisme*]』. 현성
환 역. 서울: 새물결. (원본발간일 1998년)

Badiou. A. (2014). 『존재와 사건[*Sein und Zeit*]』. 조현준 역. 서울: 새물결. (원본
발간일 1988년)

Blättner. A. (1973). *Geschichte der pädagogik.* Hsidrlberg: Quelle & Meyer.

Bollnow. O. F. (1977). *Existenzphilosophie und Pädagogik.* Funfte Auflage.
Stuttgart: kohlhammer. S. 16f.

Buber. M. (2009). 『인간의 문제[(*Das)problem des menschen*]』. 윤석빈 역. 서울:
도서출판 길. (원본발간일 1947년)

Cocosse journal(2016. 07). http://www.cocosse-journal.org/2016/07/be-
ing-is-time-martin-heidegger-1889-1976.html/에서 2020년 9월 4일 인출.

Crain. C. W. (2005). 『발달의 이론[*Theories of Development: Concepts and Appli-
cations*]』. 송길연·유봉현 공역. 서울: 시그마프레그. (원본발간일 2004년)

Deleuze. G. (2004). 『차이와 반복[*Difference et Repetition*]』. 김상환 역. 서울: 민
음사. (원본발간일 1968년)

Derrida. J. (1987). *Restitutions of the Truth in Pointing.* The Truth in Painting.
University of Chicago Press.

Derrida. J. (1997). *Adieu: À Emmanuel Lévinas.* Galilée.

Derrida. J. (2004). 『법의 힘[*Force de loi*]』. 진태원 역. 서울: 문학과 지성사. (원본
발간일 1994년)

Descartes. R. (2019). 『방법서설[*Discours de la méthode*]』. 이현복 역. 서울: 문예
출판사. (원본발간일 1637년)

Deway. J. (1916). *Democracy and Education*. New York: The free press.

Dewey, J. (2001). 『경험과 교육[*Experience and Education*]』. 엄태동 역. 서울: 원미사. (원본발간일 1938년)

Dewey. J. (1939). *Theory of Valuation*. Chicago: University of Chicago Press.

Dewey. J. (2008). *The Meaning of Value. The Middle Works, 1899-1924, Vol. 2, Ed.* Jo Ann Boydston, Carbondale, Ill.: Southern Illinois University Press, 266.

Dewey. J. (2010). 『철학의 재구성[*Reconstruction in Philosophy*]』. 이유선 역. 시울: 아카넷. (원본발간일 1920년)

Donatella Ester di Cesare(2012). *Utopia of Understanding: Between Babel and Auschwitz*, Albany. State University of New York Press.

Fleetwood. B. (2015. 05. 07). The 12 Things Sigmund Freud Got Right. HUFF-POST. https://www.huffpost.com/entry/the-12-things-sigmun-fre_b_7225976?utm_hp_ref=science/에서 2020년 9월 4일 인출.

Freud. S. (2010). 『정신분석학 개요[*Sigmund Freud Gesammelte Werke*]』. 박성수·한승완 공역. 경기: 열린책들. (원본발간일 1917년)

Froebel, F. (2005). 『인간교육[*Die Menschenerziehung*]』. 서석남 역. 서울: S.F.M. 연구소 출판부. (원본발간일 1826년)

Gregg. M. & Seigworth, G. J. (2015), 『정동이론[*The Affect Theory Reader, North Carolina: DUKE University Press*]』. 최성희·김지영·박혜정 공역. 서울: 갈무리. (원본발간일 2010년)

Gutek, Gerald L. (1988). *Philosophical and ideologiogical perspectives on education*. Englewood Cliffs: Prentice Hall.

Hypothses(2015. 5. 22). la conférence de heidelberg (1988). https://arcs.hy-

교육과 철학의 얽힘

potheses. org/583/heidelberg88-10/에서 2020년 9월 4일 인출.

Heidegger, M. (2001a). *Being and Time*. trans. J. Macquarrie & E. Robinson. Oxford. Blackwell.

Heidegger, M. (2001b). *The Fundamental Concepts of Metaphysics: World, Finitude, Solitud*. trans. W. McNeill & N. Walker, Bloomington & Indianapolis. Indiana University Press.

Heidegger. M. (2008). 『예술작품의 근원』. 신상희 역. 서울: 숲길. (원본발간일 1950)

Heidegger. M. (1968). *What is Called Thinking?*. trans. J. G. Gray. New York. Harper & Row.

Heidegger. M. (2000). *Introduction to Metaphysics*. trans. G. Fried & R. Polt. New Haven. Yale University Press.

Heitger, M. (1991). *Das Ende des Subjekts?*. In: Vierteljahrschrift für wissenschaftliche Pädagogik, 61, 401-419.

Hegel. G, W. (2008). 『법철학[*Philosophie des rechts*]』. 임석진 역. 서울: 한길사. (원본발간일 1820년)

Kant. I. (2018). 『교육학[*Immanuel Kant uber Padagogik*]』. 백종현 역. 파주: 아카넷. (원본발간일 1803년)

Kurtz. (1895). *The German Struggle for Liberty*. Harper's Weekly, 91(7), 209.

Levinas, E. (2003). 『존재에서 존재자로[(*De*)*L'existence a l'existant*]』. 서동욱 역. 서울: 그린비. (원본발간일 1963년)

Levinas, E. (2019). 『전체성과 무한[*Essai sur l'Exteriorite*]』. 김도형·문성원·손영창 공역. 서울: 그린비. (원본발간일 1988년)

Locke. J. (2009). 『인간오성론[*An Essay concerning human understanding*]』. 이 재한 역. 서울: 다락원. (원본발간일 1689년)

Ludwig, H. W. (2000). *Einwirkung als unverzichtbares Konzept jeglichen erzieherischen. Handelns.* In: Zeitschrift für Pädagogik, 46, 585-600.

Marías. J. (2016). 『철학으로서의 철학사[*Historia de la filosofia*]』. 강유원 · 박수민 공역. 서울: 유유. (원본발간일 1941년)

Montessor. M. (1967). *The Discovery of the Child.* Trans. M. Joseph Costelloe, S. J. New York: Fides Publishers. Inc.

Pestalozzi, J. H. (2000). 『숨은 이의 저녁노을[*(Die)Abendstunde eines Einsiedlers*]』. 김정환 역. 서울: 박영사. (원본발간일 1845년)

Plato(2014). 『국가론: 이상국가를 찾아가는 끝없는 여정[*The Republic*]』. 이환 역. 서울: 돋을새김.

Plato(2016). 『프로타고라스[*Protagoras*]』. 최현 역. 서울: 범우사.

Quine, W. V. (1986). *Reply to Morton White.* in L. E. Hahn & P. A. Schilpp, ed., The Philosophy of W. V. Quine, La Salle: Open Court.

Reble. A. (2002). 『서양교육사[*Geschichte der Padagogik*]』. 정영근 외 역. 서울: 문음사. (원본발간일 1999년)

Robinson. J. (2014. 7. 18). Extraordinary woman: Maria Montessori. kpbs. https://www.kpbs.org/news/2014/jul/16/extraordinary-women-maria-montessori/에서 2020년 9월 4일 인출.

Rousseau. J. J. (1983). 『에밀[*Emil*]』. 강인성 역. 서울: 한국출판문화공사.

Sarup. M. (2001). 『신교육사회학론: 구조주의 교육사회학의 전망과 과제[*Marxism/Structuralism/Education: Theoretical Developments in the Sociology* of Education]』. 한준상 역. 서울: 한국학술정보. (원본발간일 1978년)

Schapiro. M. (1994). *Theory and Philosophy of Art: Style, Artist, and Society.* George Braziller. New York.

Schmutzler. H. (2001). 『프뢰벨과 몬테소리[*Frobel und Montessori*]』. 곽노의 · 이명환 공역. 서울: 밝은누리. (원본발간일 1991년)

Singer, D. G. & Revenson, T. A. (1997). *A Piaget primer: how a child thinks.* Intl Universities Press.

Skirbekk. G. & Gilje. N. (2017), 『서양철학사[*Filosofihistorie*]』. 윤형식 역. 서울: 이학사. (원본발간일 1980년)

Teixeira, H. (2015. 12. 8). Teoria do Desenvolvimento Cognitivo de Jean Piaget. IHT. http://www.helioteixeira.org/ciencias-da-aprendizagem/teoria-do-desenvolvimento-cognitivo-de-jean-piaget/에서 2020년 9월 4일 인출.

Vygotsky. J. V. (2011). 『생각과 말[*Мышление и речь*]』. 배희철 · 김용호 공역. 서울: 살림터. (원본발간일 1962년)

Wertsch, J. V. (1995). 『비고츠키[*Vygotsky and the Social Formation of Mind*]』. 신건호 역. 서울: 정민사. (원본발간일 1988년)

Wittgenstein. L. (1972). *Tractatus Logico-Philosophicus.* Routledge & Kegan Paul.

찾아보기

교육과 철학의 얽힘

교육과
철학의 얽힘

사상사의 흐름으로 이해하는 교육

ⓒ 이현정, 2021

초판 1쇄 발행 2021년 10월 15일

지은이	이현정
펴낸이	이기봉
편집	좋은땅 편집팀
펴낸곳	도서출판 좋은땅
주소	서울특별시 마포구 양화로12길 26 지월드빌딩 (서교동 395-7)
전화	02)374-8616~7
팩스	02)374-8614
이메일	gworldbook@naver.com
홈페이지	www.g-world.co.kr

ISBN   979-11-388-0272-7 (03370)